Santa Faustina
A Mística da Misericórdia

PE. JERÔNIMO GASQUES

Santa Faustina

A Mística da Misericórdia

Direção Editorial:	Pe. Fábio Evaristo R. Silva, C.Ss.R.
Conselho Editorial:	Cláudio Anselmo Santos Silva, C.Ss.R.
	Edvaldo Manoel Araújo, C.Ss.R.
	Ferdinando Mancilio, C.Ss.R.
	Gilberto Paiva, C.Ss.R.
	Marco Lucas Tomaz, C.Ss.R.
	Victor Hugo Lapenta, C.Ss.R.
Coordenação Editorial e Revisão:	Ana Lúcia de Castro Leite
Diagramação:	Mauricio Pereira
Copidesque:	Luana Galvão
Revisão:	Sofia Machado
Capa:	Artur Santoni Araujo Bastos

Dados Internacionais de Catalogação na Publicação (CIP) de acordo com ISBD

G249s   Gasques, Jerônimo

Santa Faustina: A mística da misericórdia / Jerônimo Gasques. - Aparecida : Editora Santuário, 2021.
136 p. ; 14cm x 21cm.

ISBN 978-65-5527-114-0
ISBN 978-65-5527-126-3 (e-book)

1. Religião. 2. Cristianismo. 3. Santa Faustina. I. Título.

2021-2307

CDD 240
CDU 24

Elaborado por Vagner Rodolfo da Silva - CRB-8/9410

Índice para catálogo sistemático:
1. Religião : Cristianismo 240
2. Religião : Cristianismo 24

2ª impressão

Todos os direitos reservados à **EDITORA SANTUÁRIO** — 2023

Rua Pe. Claro Monteiro, 342 – 12570-045 – Aparecida-SP
Tel.: 12 3104-2000 – Televendas: 0800 - 0 16 00 04
www.editorasantuario.com.br
vendas@editorasantuario.com.br

Da túnica entreaberta sobre o peito, saíam dois grandes raios, um vermelho e outro pálido. (...) Logo depois, Jesus me disse: "Pinta uma imagem de acordo com o modelo que estás vendo, com a inscrição: Jesus, eu confio em vós" (D. 47).

Ó Jesus, o abismo de vossa misericórdia derramou-se em minha alma, que é apenas o abismo da miséria. Agradeço-vos, Jesus, as graças e os pedacinhos da cruz que me dais a cada momento da vida (D. 382).

A luz divina pode mais em um momento do que meu tormento de vários dias (D. 1250).

SUMÁRIO

Introdução 9

1. A história de uma Santa 15
   1.1. Faustina: escrito e imagem 21
   1.2. Sua terra natal 24

2. A Santa esquecida 27
   2.1. Seu Diário de espiritualidade e de vida 32
   2.2. A beleza do Coração de Jesus 36
   2.3. "Jesus, eu confio em vós" 40

3. A beleza da mística 49
   3.1. Os ensinamentos dos santos místicos 53
   3.2. A necessidade de uma nova espiritualidade ...59

4. A grandeza da misericórdia humana e divina 67
   4.1. As obras da misericórdia 71
   4.2. O culto da Misericórdia Divina 75
   4.3. Pode-se imaginar uma pastoral
       da misericórdia? 87

5. A devoção para com a misericórdia......................91
   5.1. O papa João Paulo II 102

6. O que aprendemos com Santa Faustina.............105
   6.1. Alguns pensamentos impactantes................110
   6.2. O devocionário a Santa Faustina 117

Conclusão 127

INTRODUÇÃO

Ó Jesus, vejo tanta beleza espalhada a minha volta, pela qual incessantemente vos rendo graças, mas percebo que algumas almas são como pedras, sempre frias e insensíveis. Nem com milagres se comovem muito, têm o olhar abaixado para seus pés e, assim, nada veem além de si (D. 1284).[1]

É de bom gosto escrever estas linhas sobre Santa Faustina. Inicialmente, por algum tempo, houve alguma resistência de nossa parte. Não havíamos entendido as promessas contidas naquele Diário. A maturidade veio à tona e nos fez escrever dois livros a seu respeito. Neste, enfocamos alguns aspectos sobre sua vida, sua mística, seu Diário (D.) e um pouco de sua história; no outro, pela Loyola, a respeito dos anjos.

A Polônia nos trouxe três nomes sublimes – e outros também que não nos vêm ao caso – de santidade no

---

[1] Vou seguir a tradução do Diário da Irmã Maria Faustina Kowalska, na edição brasileira da Congregação dos Padres Marianos, do ano de 1995. Em meu escrito, a seguir, vou anotar a indicação "Diário" por (D.) e os pronomes no que se referem a Deus, Jesus etc. farei em minúsculo. No Diário, Santa Faustina os anota em maiúsculo!

que se refere a seu passado. São Maximiliano Kolbe, o mártir do amor; a Irmã Santa Faustina, apóstola da misericórdia; e São João Paulo II. São lembranças únicas que enlevam a alma cristã.

É certo, todavia, que, no rol dos altares da vida polonesa, muitas outras biografias se distinguiram pela santidade. Fiquemos com Santa Faustina e vamos observar alguns detalhes que são importantes aos cristãos dos tempos atuais.

Desejamos escrever algumas impressões sobre essa santa e olhá-la na dimensão mística como importância de momento à reflexão sobre a espiritualidade católico-cristã. Não faremos uma biografia acabada da Santa, mas anotaremos aspectos importantes de sua vida. Certamente, conhecemos sua história, que nos tem preenchido com a ideia da misericórdia.

Depois dos saberes da manifestação de Jesus a sua serva Faustina e dado ao conhecimento público, essa experiência se expandiu como devoção.

O mundo católico, de então, estava desacostumado com a "ideia" de misericórdia. A catequese passava bastante distante desse tema em vista da situação eclesial daquela época. Ela não atingia alguns temas mais elementares. O mundo se preparava para despertá-lo de um novo Concílio. Já se ouviam alguns rumores e, em alguns países da Europa, já se falava em mudança.

Para a maioria de seus devotos, observando a devoção em nossa região, parece-nos que a ideia de misericórdia tem ocupado um lugar de proeminência e que é correto e, sem dúvida, é uma espécie de coração do Evangelho. Mas desejamos, com o leitor, virar também uma página e observar outros escritos de forma mais amiúde e detalhada. Inclusive, nossa condição de padre diocesano poderá ser um contributo a essa espiritualidade.

A mística é uma força dos "gênios" da fé. Em tempo de crise, ela tem segurado os eleitos e promotores de fortaleza, como uma efusão do Espírito Santo. Esse é um aspecto que vamos retomar com mais insistência.

Trazer sua mística, como centro da espiritualidade, parece-nos atual e importante, principalmente em momentos de crise. A mística traz um novo acento para a espiritualidade e tira aquele foco de sossego espiritual pelo qual a maioria está envolvida de forma a não perceber a necessidade de uma mudança.

Mesmo o papa Francisco, em sua visita ao Iraque (de 5 a 9.3.2021), falou, por diversas vezes, no tocante à condição de misericórdia. No estádio Franso Hariri, em Erbil, na homilia demonstrou como a Igreja no país consegue revelar o poder e a sabedoria de Deus, espalhando a misericórdia junto aos mais necessitados: "Esse é um dos motivos que me impeliu a vir em peregrinação, ou seja, para agradecer e confirmar na fé e no testemunho" (7.3.2021).

A mística é a imitação de Jesus. É certo que Santa Faustina não tinha a intenção de escrever sobre mística, mas suas anotações – os cadernos – retratam esse fundo paradoxal. "Jesus, meu modelo perfeitíssimo, com olhar fixo em vós, irei pela vida seguindo vossos passos, adaptando a natureza à graça segundo vossa santa vontade e aquela luz que ilumina minha alma, totalmente confiante em vosso auxílio" (D. 1351).

Não traremos grandes detalhes particulares sobre sua história. Vamos contemplar a Irmã Faustina como uma especial eleita, em um tempo em que havia a necessidade de homens e mulheres de sua fibra. O mundo, como sopro divino, reage à história de forma inusitada e pode confundir os acomodados.

Ela ficou esquecida por um tempo, mas foi o tempo da maturidade. O tempo de Deus não tem cronômetro. Desejamos fazer um aceno à devoção ao Sagrado Coração de Jesus como fonte de misericórdia a se estender sobre todos os seus devotos.

Não deixaremos, como acenamos acima, de dar mais destaque a sua mística como fonte insondável da misericórdia advinda que se derrama e se espraia como força do Espírito de Deus, que se eleva sobre todo o universo.

Seu Diário será, certamente, a fonte primeira de toda a justificativa de minhas palavras. Buscar nele o referencial humano que, certamente, foi iluminado pelo Espírito Santo; ele é uma mina de sabedoria e de entendimento, de diálogo com o divino presente e alimentado em seu interior. Esse foi o modo como ela entendeu e percebeu Jesus em sua vida.

Faustina não era "extraordinária" em seu comportamento humano, isto é, não chamava atenção por causa da extraordinária presença de Deus em sua vida; era uma religiosa comum entre as demais. Sua relação com Deus era uma forma sutil de percepção unitiva com o divino. Admitamos que seja um mistério!

Anotava ela: "Secretária do meu mais profundo mistério, deves saber que estás em exclusiva intimidade comigo. Tua tarefa é escrever tudo que te dou a conhecer sobre minha misericórdia para o proveito das almas, que, lendo estes escritos, experimentarão consolo na alma e terão coragem de se aproximar de mim. Por isso desejo que dediques todos os momentos livres a escrever" (D. 1693).

Não deixaremos, todavia, de assinalar algumas de suas poesias. Os místicos sempre são poetas. Não há como ser místico sem deixar transparecer a fonte de seu coração. Podemos observar Santa Teresa de Ávila, São João da Cruz e outros místicos da contemporaneidade. Ela se junta a esse grupo de pessoas escolhidas e especiais aos olhos de Deus.

Os dois prefácios da edição polonesa, o primeiro no ano de 1980 e o segundo no ano de 1991, aos escritos de Santa Faustina acenam a necessidade de se ajustar à tradução para que não se falsificasse a mensagem. Depois, vem uma nota sobre alguns critérios da edição brasileira.

Aqui se fala de "suas experiências místicas e de sua especial comunhão com Deus" (p. 15). O Diário, no Brasil, foi publicado pela primeira vez em 1982. Em 1995, os Padres Marianos publicaram a terceira edição, depois de revista toda a obra. Enfim a 43ª edição publicada, em 2020, como a oficial para todo o Brasil.

Estamos abertos ao que se segue: "Quando vejo que o peso ultrapassa minhas forças, não penso sobre isso, não analiso, nem me aprofundo, mas recorro como uma criança ao coração de Jesus e digo-lhe uma palavra apenas: a vós tudo é possível..." (D. 1033).

Uma leitura atenta a seu Diário nos dá a dimensão do quanto ela se dedicou a essa tarefa. Jesus a escolheu como sua "secretária" para transcrever as inspirações;

seus escritos foram corrigidos pelo confessor Pe. Michał Sopoćko (1888-1975) e guardados à "chave de ouro". Ele foi para ela um auxiliar insubstituível no reconhecimento das vivências e das revelações interiores. Por recomendação sua, ela escreveu um Diário, que era um documento de mística católica de valor excepcional. Nesse Diário, apresenta-se também a figura singular do pe. Michał Sopoćko, bem como a contribuição de seu trabalho para a realização das exigências de Jesus Cristo (cf. D. 1408).

Enfim, vamos enfocar alguns detalhes da Santa para fazê-la conhecida; olhar, por um instante, sua terra natal, como viviam ela e seus familiares e a sua vocação.

Faustina foi uma santa esquecida por muitas décadas, havia desconfiança sobre seus escritos. Seu Diário ficou como que perdido pelas décadas a fora como insignificante e sem valor espiritual. A redescoberta de seus escritos foi um convite à misericórdia, que estava esquecida; a beleza da mística como encontro definitivo e unitivo com Deus; a necessidade de uma nova espiritualidade por um mundo cansado; a grandeza da misericórdia como o coração do evangelho que nos ensina nesse tempo de sofrimento, dor e desencontro.

Esse é o desafio que nos aguarda pela frente. Sejam bem-vindos a esta leitura.

1. A HISTÓRIA DE UMA SANTA

Amamos contar ou recontar histórias de santos. Cada um tem sua peculiaridade, e, na singularidade, Deus se manifesta de forma extraordinária. Escrevemos vários livros sobre essas vidas estupendas, que sempre deixam marcas como perfumes em mãos que se atrevem a tocar nas flores.[2]

Neste livro, não pretendemos narrar detalhes e explorar alguns acentos importantes, pois Santa Faustina mereceu inúmeros escritos (existem muitas teses doutorais sobre si e seu Diário) sobre sua vida. Ela é considerada a Santa da modernidade, por isso há inúmeras possibilidades hagiográficas e iconográficas à disposição dos leitores.[3]

---

[2] Gasques, J., *Santa Teresinha do Menino Jesus*, Edições Loyola, 2019; *Santa Rita de Cássia*, Editora A Partilha; *São Longuinho*, Editora Santuário; *Santa Luzia*, Paulus Editora; *Santa Edwiges*, Editora Santuário; *São José e Maria a Mãe do povo*, Paulus Editora; *São Jorge*, Paulus Editora. Cada um desses santos tem uma biografia diferente e impressionante. Dá gosto conhecê-los.

[3] *Biografia de uma Santa – Santa Faustina*, a autora da obra, Ewa Czaczkowska, historiadora e jornalista, empenhou-se durante anos em desvendar e revelar os fatos, até então, desconhecidos que contribuíram para que a pequena Helena se tornasse Santa Faustina. Os relatos revelam detalhes instigantes da vida dessa Santa, descrevendo a época histórica em que os fatos se deram.

Helena Kowalska nasceu no dia 25 de agosto de 1905, na aldeia de Glogowiec, em uma Polônia que não havia reconquistado sua independência. De dez filhos, era a terceira filha de Marianna Kowalska e Stanislaus Kowalski, uma família de pequenos agricultores, muito trabalhadora e religiosa. Adotou o nome religioso Irmã Maria Faustina do Santíssimo Sacramento. Faleceu em 5 de outubro de 1938, em Cracóvia, Polônia, e foi declarada santa no dia 30 de abril de 2000, em Roma. Nesse dia, o Santo Padre anunciou que, dali em diante, o segundo domingo de Páscoa se conheceria, na Igreja universal, como o Domingo da Misericórdia Divina.

É supérfluo afirmar que o tema da misericórdia se descobre nas Escrituras e na Tradição da Igreja. Ao mesmo tempo, não podemos deixar de lembrar que o tema da misericórdia se encontra unido à devoção ao Sagrado Coração de Jesus, tão caro nos séculos XII ao XIX.

Quando pensamos em Faustina, devemos ter presente a Europa dos anos 20 e 30. Décadas de profundas crises trazem à confrontação mundial a questão da pandemia da febre amarela e também anos de grande vitalidade espiritual. O magistério dos Papas do momento, as atividades de tantos católicos e o elevado número de santos da época são reflexos dessa vitalidade.

Santa Faustina não deixa de ter uma história singular. Toda a sua vida foi pautada pela simplicidade. Desde pequena desejava ser santa. Seria coisa de criança? Talvez não, pois a maioria toma a decisão firme e segue essa trilha de forma espetacular.

Na caminhada, foi-se decidindo, pois sua vida passou por várias estradas, onde existiram inúmeros obstáculos.

Em seu Diário, escreveu a respeito das vivências de sua infância. Sobre sua vocação confirmou que sentiu a graça do chamado "desde os sete anos de vida. Com essa idade, ouvi pela primeira vez a voz de Deus na alma, ou seja, o convite para uma vida mais perfeita; mas nem sempre fui obediente à voz da graça. Não encontrei ninguém que me pudesse explicar essas coisas" (D. 7).

Insistiu com seus pais que a deixassem ir para o convento, mas eles não tinham condições de arcar com o dote impetrado naquela época. A situação social e as dificuldades do tempo os impediam de ter uma vida mais regalada. Faustina relatou, de forma superficial, essa situação em seu Diário (cf. D. 8).

Desde cedo, sentiu-se chamada à vida religiosa, mas dentro de si parecia que não cabia tal propósito. Aos 16 anos, saiu de casa para trabalhar como doméstica e ganhar um dinheiro para auxiliar nas despesas de sua casa. A vida, fora de casa, parecia não alimentar os encantos da vida religiosa.

Embrenhou-se em certo mundanismo de seu tempo (cf. D. 8). Seu centro não era mais a busca da santidade. Chamamos isso de crise de identidade, e ela narrou, mais tarde, em seu Diário, esse momento crucial:

> Em uma ocasião, eu estava com uma de minhas irmãs em um baile. Quando todos se divertiam a valer, minha alma sentia tormentos interiores. No momento em que comecei a dançar, de repente vi Jesus a meu lado, Jesus sofredor, despojado de suas vestes, todo coberto de chagas e que me disse estas palavras: "Até quando hei de ter paciência contigo e até quando tu me desiludirás?" Nesse momento parou a música en-

cantadora, não vi mais as pessoas que estavam comigo, somente Jesus e eu ali permanecíamos. Sentei-me ao lado de minha irmã, disfarçando com uma dor de cabeça aquilo o que se passava comigo. Em seguida, deixei discretamente os que me acompanhavam e fui à catedral de São Estanislau Kostka. Lá começava a entardecer; havia poucas pessoas. Sem prestar atenção a nada do que ocorria a minha volta, caí de bruços diante do Santíssimo Sacramento e pedi ao Senhor que me desse a conhecer o que devia fazer a seguir. Então, ouvi estas palavras: 'Vai imediatamente a Varsóvia (Polônia), e lá entrarás no convento'. Terminada a oração, levantei-me, fui para casa e arrumei as coisas indispensáveis. Como pude, relatei a minha irmã o que acontecera em minha alma. Pedi que se despedisse por mim de meus pais e assim, só com a roupa do corpo, sem mais nada, vim para Varsóvia (D. 9-10).

Esse caminho de entrada no convento não foi simples e fácil. Houve inúmeras recusas e incompreensões. Somente a determinação e a crença nas palavras de Jesus puderam lhe dar sentido e firmeza. Jesus lhe indicou o caminho, mas não disse os obstáculos que iria encontrar. A vocação não é um dado gratuito, é cravada de dificuldades!

Antecipando, em julho de 1924, pôde, por fim, entrar em uma casa da Congregação da Madre de Deus da Misericórdia, que tinha como devoção o Sagrado Coração, uma das principais fontes de sua espiritualidade. Antes de dar esse passo, teve uma visão de Jesus Cristo, que a ajudou se decidir. Há de sinalar, aqui, que as visões foram constantes na vida de Kowalska.

Os santos são cautelosos por demasia e parecem que nunca estão preparados. Faustina era uma criança jovem, "perseguida" pelo amor de Jesus. Narrou ela em seu Diário que Jesus lhe apareceu e perguntou: "Até quando hei de ter paciência contigo e até quando tu me desiludirás?" (D. 9).

Motivada e atordoada por esses questionamentos de Jesus, bateu à porta de vários conventos e nenhum a admitiu. Até que um dia encontrou a porta certa: Convento de Nossa Senhora da Misericórdia (1.8.1925)!

Para Deus não há estação em atraso. Tudo em seu tempo. Sua alegria e felicidade foram tamanhas que a levou a exclamar: "Sentia-me imensamente feliz, parecia que havia entrado na vida do Paraíso. Meu coração só era capaz de uma contínua oração em ação de graças" (D. 17).

Parece que sua alegria estava a durar por pouco tempo. Logo começaria a sentir a sofreguidão do desalento e a vontade de mudar de convento. Enfim, a "crise" passou e continuou seu noviciado, fazendo as tarefas mais simples do convento: exercendo as funções de cozinheira, jardineira e porteira. As atividades relacionadas com cozinha, limpeza e jardinagem eram devido a sua pouca leitura.

Exteriormente, nada deixava transparecer sua profunda vida mística. Ela cumpria assiduamente suas funções, guardando com zelo a regra religiosa. Era recolhida e silenciosa, embora, ao mesmo tempo, fosse desembaraçada, serena, cheia de amor benevolente e desinteressado para com o próximo.

Depois de muitos vendavais, em 1925, já estava estabelecida no convento; completou-se aquilo que anelava desde os sete anos de idade (cf. D. 7-14). Começaram também suas experiências místicas. Em 1926, principiou o postulado/noviciado em Varsóvia, mas também iniciaram seus sofrimentos espirituais: "o medo começou a tomar conta de mim... nada vi além de uma grande miséria" (cf. D. 23). Passou por várias crises e até achava que havia sido "rejeitada por Deus". Sua alma entrou em desespero. "Eram as mais profundas trevas da alma. Lutei como pude até o meio-dia" (D. 24).

Depois dessa desolação espiritual, disse que, à noite, foi visitada e consolada pela Mãe e pelo menino Jesus (D. 25). Ficou radiante e, com a alma iluminada, suplicou a Maria seu auxílio maternal. Maria lhe sorriu e desapareceu imediatamente.

Terminou o noviciado (D. 26). Seus sofrimentos continuaram de forma abrupta. Era uma Sexta-feira Santa. Naquele dia, Jesus lhe arrebatou de forma mística para seu próprio coração. Foi envolvida pela presença de Deus, tornou-se serena e esqueceu, de novo, seus sofrimentos. Sentiu saudade de Deus e sede de amá-lo...

Faustina fez os votos perpétuos em 1933 e foi transferida a Vilna. Ali começou a direção espiritual com o sacerdote Michal Sopocko, que a incentivou a colocar, por escrito, o que ocorria em sua alma. Então começou a escrever seu Diário.

O severo estilo de vida e os extenuantes jejuns que ela se impôs antes ainda de ingressar na Congregação enfraqueceram tão severamente seu organismo que já, no postulado, teve de ser encaminhada para tratamento de saúde. Fragilizada, teve uma forte tuberculose que atacou os pulmões e o trato alimentar. Teve de ficar, por diversas vezes, hospitalizada.

No dia 21 de março de 1936, foi transferida novamente a Cracóvia. Sua enfermidade se agravou. Nos últimos anos de vida, intensificaram-se as enfermidades do organismo. Por essa razão, por duas vezes, durante alguns meses, permaneceu em tratamento no hospital.

Completamente esgotada fisicamente, mas em plena maturidade espiritual e misticamente unida a Deus, faleceu de tuberculose no dia 5 de outubro de 1938, com fama de santidade, tendo apenas 33 anos de idade, dos quais 13 anos de vida religiosa.

1.1. Faustina: escrito e imagem

Apreciemos, de forma rápida, dois detalhes em sua trajetória religiosa. A missão de Santa Faustina foi fazer conhecer aos homens a Misericórdia Divina, como central à espiritualidade cristã, e ensinar a cumprir e viver essa experiência.

Ensinou os meios, os caminhos para experimentar a misericórdia divina: a insistência no ensino da experiência; a difusão da imagem da Misericórdia Divina e instauração da festa. A coroa da divina misericórdia e a graça da boa morte e a hora da divina misericórdia. Durante os últimos anos de sua vida, Faustina chegou a pensar que Deus lhe pedia a fundação de uma nova congregação, mas, finalmente, não foi assim.

Ela recebeu de Jesus o "título" de secretária da Misericórdia Divina. Assim descreve em seu Diário: "Secretária de minha misericórdia, escreve, fala às almas desta minha grande misericórdia, porque está próximo o dia terrível, o dia de minha justiça" (n. 965). "És a secretária de minha misericórdia. Eu te escolhi para essa função nesta e na outra vida" (n. 1605). Afirma que foi tocada profundamente por Deus e penetrava em sua presença de forma inaudita.

Na capela conventual, o Senhor se revelou mais uma vez: "Minha filha, quero que dediques todos os momentos livres a escrever sobre minha bondade e misericórdia; é teu dever e tua missão em toda a tua vida dar a conhecer às almas a grande misericórdia, que tenho para com elas, e animá-las à confiança no abismo de minha misericórdia" (n. 1567).

No número 1570, ela escreve uma bela oração ao Deus de misericórdia clamando por sua paixão e reconhecendo sua miséria diante da divina presença.

Faustina entendeu sua missão e a expressou com estas palavras:

> Devo anotar os encontros de minha alma convosco, ó Deus, nos momentos de vossas especiais visitas. Devo escrever sobre vós, ó inconcebível em misericórdia para minha pobre alma. Vossa santa vontade é a vida de minha alma. Recebi uma ordem de quem vos representa aqui na terra, ó meu Deus, ele me esclarece sobre vossa santa vontade (n. 6).

Não foi fácil chegar a esse ponto de maturidade. Obteve permissão de suas superioras para escrever em breves momentos do dia. Parece ser que, em certas ocasiões, assim testemunharam algumas religiosas em seu processo, escrevia ajoelhada.

Seus escritos estão registrados em seu Diário (seis cadernos) e um caderno sobre a preparação para a comunhão, constando 438/967 páginas. Mais outras cartas e postais. Asseveram alguns que um primeiro caderno foi destruído pela autora supondo que um anjo mau a fazia escrever. Seu Diário traz o estilo narrativo que ecoa ao da "Histoire d'une Âme" de Santa Teresinha.

Começou a escrevê-lo no dia 28 de julho de 1934. Tinha, portanto, 29 anos. Faustina não corrigiu o que escrevia. Esse ponto conota sua forte personalidade e confiança no que pensava e escrevia. Tinha uma mente brilhante. Normalmente, "anotava" e retinha na mente as monções das revelações e, depois à noite e momentos de recreio, escrevia-as no caderno. Esse estilo é único entre as místicas biografadas.

Por fim, a imagem da divina misericórdia situada, projetada no ano de 1931. As indicações e instruções estão registradas nos números 47-49 de seu Diário. Faustina também recolheu, em seu Diário, alguns detalhes sobre a imagem (cf. n. 326, 299 e 370).

Esse momento não foi tranquilo em sua vida. Começou a aparecer alguns rumores entre as irmãs a esse respeito que a levou a se irritar muito. "Sofria como uma pomba, sem me queixar. Mas algumas irmãs pareciam sentir prazer em me incomodar de uma ou de outra forma; ficavam irritadas com minha paciência..." (D. 126). Continuou escrevendo que devia: "suportar tudo em silêncio, sem dar explicações às perguntas que me eram feitas"; "meus lábios estavam selados"; mas as irmãs ficavam irritadas com sua paciência (idem).

Mais à frente, falaremos sobre o quadro da divina misericórdia, que foi pintado em 1934 por Eugenio Kazimieronski, um artista que vivia na localidade. Faustina, com a permissão de sua superiora, trabalhou com o artista durante várias semanas para dirigir a pintura.

1.2. Sua terra natal

A terra natal de Santa Faustina, a Polônia unificada, surgiu por volta do século X. Foi governada por líderes fortes que a fez cristianizada por pouco tempo. A Polônia, posteriormente, foi conhecida pela democratização do país, encabeçada pelo sindicato Solidariedade, que, fundado em 1980, em 1989 formou o primeiro governo não comunista da Europa oriental.

O movimento protestante, na Polônia, entrou por intermédio de João Calvino, por volta de 1554, e estabeleceu-se como religião reconhecida pelo rei Sigismundo II.

Faustina nasceu em um período perturbado da Polônia. Curiosamente não se narra, em seu Diário, a situação de saúde, assolada pela pandemia da febre amarela, que abalou a Europa.

Viveu sob o pontificado de três Papas. O primeiro foi Pio X (1903-1914), que valorizou a Eucaristia, permitiu a comunhão de crianças e incentivou a comunhão diária. O segundo foi Bento XV (1914-1922), que abriu a Polônia à democracia cristã e ao sindicalismo cristão. O terceiro foi Pio XI (1922-1939), que enfrentou a eclosão do comunismo e do fascismo na Europa.

Na mesma época, Faustina teria previsto a chegada de uma grande guerra. Ela teria pedido às irmãs do convento que rezassem pela Polônia. A Primeira Guerra Mundial, entre 1914 e 1918, levou ao renascimento a Polônia, pois enfraqueceu a Rússia, a Áustria e a Alemanha, as três potências que tinham reinado sobre as terras polonesas por mais de cem anos. A Polônia tornou-se república independente em 1918.

No final do século XX, a Polônia liderou a luta contra o comunismo, uma forma rígida de governo, na Europa oriental. Foi um dos países mais devastados e que mais sofreu na Segunda Guerra Mundial. Seis milhões de poloneses morreram no conflito, dos quais mais de 95% eram civis.

Apesar disso, conseguiram se recuperar e continuam firmes na fé. Quase 87% da população polonesa é católica ou possui alguma outra religião cristã. Sem dúvida devem ser devotos de Santa Faustina e de Jesus Misericordioso.

Esses fatos históricos, certamente, influenciaram as atitudes da vida conventual, e suas visões eram "motivadas" pela crise religiosa por que a Polônia passava naquele período. De certa feita, ela reclamou do barulho do rádio que as irmãs deixavam ligado à tarde (cf. D. 837). "O rádio fica sempre ligado depois do meio-dia, de modo que sinto a falta de silêncio."

Esse fato conota que as irmãs tinham muitas informações sobre as questões sociais, políticas e religiosas de seu tempo. O rádio era, praticamente, a única fonte de comunicação entre elas.

2. A SANTA ESQUECIDA

A maioria dos santos ficou esquecida por anos a fio. Em geral, imaginamos os santos fazendo "milagres" a torto e a direito. Nem sempre os santos se distinguem pelos milagres em vida ou depois de mortos. A santidade não tem uma relação direta com a "fabricação" de milagres ou de fatos estupendos como sendo arroubos do Espírito Santo.

Quando observamos os santos mártires, percebemos que eles se distinguiam pelo testemunho de vida e pela coragem de enfrentar as adversidades de forma corajosa e destemida. Esse é o princípio, a raiz e a gênese da santidade.

Os santos são o estupendo de Deus na vida de certos humanos, são tomados por uma graça toda especial. Faustina, em seus escritos, dá a dimensão da profundidade do aprendizado do mistério da misericórdia de Deus e sua contemplação na vida cotidiana, lutando com as fraquezas da natureza humana e as dificuldades associadas à missão profética.

Teve vontade de desistir inúmeras vezes, mas sempre foi arrebatada pela graça. Em um retiro espiritual no ano de 1937, recebeu a revelação que o pregador lhe falaria ao coração (cf. D. 1101s). Narrou, aos poucos, suas feições quanto ao retiro.

Seu coração estava desassossegado, agitado... Recebia muitas luzes para alimentar sua alma agitada e, por vezes, enchia-lhe "de inefável confiança e tal felicidade que não posso conter em mim; só desejo me dissolver toda nele" (D. 1102).

Esse turbilhão de emoção pareceu passageiro e ineficaz para manter acesa aquela alma agitada de amor pela misericórdia. Eram muitas as promessas, e, certamente, sua vida, por esta terra, era mais que passageira. Funérea, talvez!

Era a promotora da misericórdia, mas deviam permanecer no silêncio seus propósitos particulares. Ninguém conseguia observar sua agitação. Era um sofrimento solitário, especial e particular. Ela e a Divina Misericórdia acendiam em sua alma como chamas de amor. Aquele sofrimento interno era uma tortura que a sangrava por dentro.

Rezava pedindo ao Espírito a virtude da prudência. Não poderia deixar cair por terra nenhuma gota desse mistério que tanto amava. "O que torna a alma perfeita é união íntima com Deus." Contudo, isso é apenas adorno da alma e não a essência nem a perfeição. A santidade para Faustina era a união estreita de sua vontade com a vontade de Deus.

Pensando em santidade, ela reflete: "A alma não atingirá a santidade se não tomar cuidado com sua língua" (D. 92b e continua falando sobre isso no número 118). "Minha santidade e perfeição consistem na união estreita de minha vontade com a vontade de Deus" (D. 1108).

De certa forma, tudo parecia mais ou menos tranquilo. Naquela noite de retiro, haveria a renovação dos três votos. O que poderia parecer um momento sublime de êxtase ou, simplesmente, de alegria se transformou em um profundo e escavado poço de trevas. "Em vez de alegria, minha alma se encheu de amargura e uma dor aguda transpassou meu coração" (D. 1108).

Aquela alma desejosa de simplicidade se viu em profundo abismo de culpa, remorso e amargura. Sentiu-se miserável, sem graça e indigna; desejava estar ali, de joelhos, ou em seu banco encurvada, pedindo clemência ou beijando os pés das demais postulantes. Ela as contemplava felizes; de tanta felicidade que não lhe cabia em sua alma de peregrina da divina misericórdia. Via dentro de si tanta miséria que saiu apavorada em um voo, como o de um pássaro, para estar aos pés de Deus oculto, "entre lágrimas e dores". "Lancei-me no mar da infinita misericórdia de Deus e só aí senti alívio; sentia que todo o poder de sua misericórdia me havia envolvido" (*idem*).

Depois disso sua alma se sossegou... Não por muito tempo, e ela mesma disse: "Frequentemente minha alma está perturbada pelo sofrimento...". Mais uma vez desejou deixar o convento...

Faustina era uma alma doce. Os santos também são românticos, mas revelam uma ternura divina que não tem medida. Depois de suas quedas emocionais, disse ela que saiu ao jardim para arejar sua alma convalescente. Alegrou-se com a primavera. O perfume das flores inebriou sua alma cansada e abatida pelo silêncio não compartilhado. Ficou tão enamorada que conversava com os pássaros, admirava o chilrear das aves como se todos estivessem bendizendo a Deus. Pareceu-lhe que todos gritavam: "Alegra-te, irmã Faustina!"

Mas a santa continuava triste! Seu Amado se escondeu dela, e ela o procurava com ânsia (D. 1120). Parece um poema de São João da Cruz que fala do escondimento do Amado: "Onde é que te escondeste, Amado, e me deixaste com gemido? Como o cervo fugiste, havendo-me ferido; saí, por ti clamando, e eras já ido" (*Cântico Espiritual*, 1).

Contudo voltou a sorrir. Passou a vontade tentadora de deixar o convento. Sua alma "se sentiu tocada por Deus"... Entrou em êxtase de amor e, envolvida por tanta graça, não conseguiu se alimentar, "sentiu-se saciada de amor" (D. 1121).

Bem, daremos agora um salto na história. Depois de sua morte, as freiras enviaram seus escritos para o Vaticano. Em 1956, os relatos e/ou escritos de visões sobre Jesus e Maria deveriam passar pela avaliação da Santa Sé, antes de serem dados como públicos. O papa Pio XII quase assinou a condenação de seus escritos; deixou, mais tarde, para o papa João XXIII, que os reprovou em 1959.

"Esse papa assinou um decreto que incluía os diários de Faustina na lista de livros proibidos. A devoção da Misericórdia Divina também foi proibida, e o Padre Miguel Sopoćko sofreu uma severa reprimenda, tendo sua obra proibida, como a de Santa Faustina. Assim a devoção à Misericórdia Divina permaneceu até que o decreto fosse abolido, em 14 de junho de 1966, pelo papa Paulo VI. A despeito da proibição, o arcebispo de Cracóvia permitiu que as freiras deixassem a imagem original na capela, de forma que pudessem praticar a devoção" (cf. *Wikipédia*).

O Papa que lhe "apadrinhou" os favores de santidade era um jovem quando Faustina morreu. Diz a história que costumava passar em sua tumba para a oração da manhã antes de ir ao trabalho. João Paulo II se empenhou em divulgar a mensagem da divina misericórdia revelada a Santa Faustina. Na época da II Guerra Mundial, quando ainda era jovem, Karol Wojtyla já frequentava o Santuário (Padre Milak).

Karol Wojtyla, que veio a se tornar Papa (João Paulo II), era Arcebispo de Cracóvia em 1965, quando abriu uma nova investigação, entrevistando testemunhas, e reportou abundante documentação ao Vaticano, solicitando o início do processo de beatificação de Faustina, que se iniciou em 1968. Em 1993, foi sua beatificação, e, em 30 de abril de 2000, no II Domingo da Páscoa, o papa João Paulo II a canonizou e instituiu a Festa da Misericórdia Divina para toda a Igreja.

Os dados em síntese se encontram no Diário de Santa Faustina, nas páginas 17-19. Irmã Faustina foi a primeira santa do novo milênio. Toda a sua vida foi dedicada a divulgar a Misericórdia Divina.

Bento XVI afirmou: "O mistério de amor misericordioso de Deus esteve no centro do pontificado deste meu venerado Predecessor. Recordamos, em particular, a Encíclica *Dives in Misericordia*, de 1980, e a dedicação do novo Santuário da Misericórdia Divina em Cracóvia, em 2002. As palavras que ele pronunciou nessa última ocasião foram como que uma síntese de seu magistério, evidenciando que o culto da Misericórdia Divina não é uma devoção secundária, mas dimensão integrante da fé e da oração do cristão" (*Regina Caeli*, 23.4.2006).

Na solidão de seu retiro, certa vez escreveu: "Sei que não vivo para mim, mas para um grande número de almas. Sei que as graças que me são concedidas não são apenas para mim, mas para as almas. Ó Jesus, o abismo de vossa misericórdia derramou-se em minha alma, que é apenas o abismo de miséria. Agradeço-vos, Jesus, as graças e os pedacinhos da cruz que me dais a cada momento da vida" (D. 382).

2.1. Seu Diário de espiritualidade e de vida

Seu Diário foi escrito por ordem expressa de Nosso Senhor nos anos de 1934-1938. Segundo escritos, suas primeiras anotações foram queimadas, pois havia nela a sensação de que seriam "coisas de Satanás". Isso devido a algumas admirações/alguns elogios de um suposto anjo disfarçado de bom!

"O Diário não surgiu com facilidade. Em primeiro lugar, a Irmã Faustina não tinha muito estudo; em segundo lugar, as condições para escrever eram limitadas, estava ocupada com o trabalho e, para escrever, tinha somente os momentos livres, tendo para isso que se ocultar diante das irmãs."[4]

Irmã Faustina fez todas as anotações em segredo e fora de seus deveres religiosos. Ela também escreveu no hospital e ali, com mais tempo, a pedido do Padre Miguel Sopoćko, sublinhou a lápis todas as palavras de

---

[4] Cf. Publicado em 26 de agosto de 2020. Arquidiocese de Curitiba-PR.

Jesus. No Diário também reclamou das condições precárias do caderno, da caneta e dos borrões que fazia quando, para se esconder das irmãs, fechava-o rapidamente (cf. D. 1567, 459, 839, 6, 1784).

> Meu Jesus, vós vedes que, além de não saber escrever, ainda não tenho uma boa caneta e, algumas vezes, realmente tenho tanta dificuldade de escrever que tenho de juntar letras para formar as frases. E isso não é tudo, pois ainda tenho a dificuldade de anotar essas coisas em segredo, diante das Irmãs. Muitas vezes tenho de fechar o caderno a cada instante para ouvir pacientemente o que as pessoas me têm a dizer, enquanto o tempo que eu tenho para escrever vai passando. Fechando de repente o caderno, faço borrões (D. 839).

Comentou em seu Diário:

> Embora me sinta fraca, e a natureza exija descanso, sinto a inspiração da graça, para me vencer e escrever, escrever para o consolo das almas que amo tanto e com as quais partilharei a eternidade toda. E desejo tão ardentemente para elas a vida eterna. Por isso, aproveito todos os momentos livres, embora tão curtinhos, para escrever, e da maneira como o deseja Jesus (D. 1471).

Suas mensagens, registradas em seu Diário, foram, por longos anos, malvistas pelas autoridades da Igreja. Em 1959, foram suprimidas pelo Vaticano. Somente em 1966, foram aceitas novamente. Essa é uma longa história. Foram 21 anos depois de seu falecimento e, 28 anos, suspensos e sem publicação. O culto à Misericórdia Divina ficou, também, proibido de se celebrar e reverenciar. Certamente, seus textos não vieram a lume tão cedo. Ficaram como submersos no tempo de algumas gavetas do convento.

O que se alegava eram certas "aberrações" tidas como impróprias para a época. Algumas revelações pareciam sair do tempo e não se enquadrar ao momento vivido pela Igreja polonesa. A rigidez na doutrina, a ingerência política do movimento comunista e a perseguição fizeram os religiosos olharem seus escritos (o Diário) com mais reticências.

É certo que a vida de simplicidade não deixava transparecer sua mística. Cumpria sua missão na mais obscura obediência às superioras; não tinha palavra que a contrariava e obedecia de forma exemplar às ordens estabelecidas. Essa é, certamente, uma página não admirada em sua vida. Em todo o caso, isso foi muito bom, pois trouxe a lume novos olhares de fé e de esperança para aquilo em que ela acreditou e deixou registrado em seu Diário.

A profundidade de sua mística se revela em seu Diário. Ele é seu "retrato" natural de percurso como mística contemplativa na ação. Encontramos uma concentração de sua alma, unida a Deus, de forma exemplar, que se tornou assustadora. A comunicação com Deus e sua luta em busca da perfeição a fizeram diferente; e seus escritos foram assustadores para os "novos" leitores desacostumados com esse tipo de manifestação.

Já fazia alguns séculos que os últimos místicos se revelaram por meio dos escritos. Podemos imaginar Santa Teresa de Ávila (1515-1582) e outros que não eram místicos admirados naquela Polônia acossada pela violência política. A Igreja polonesa estava mais concentrada na atmosfera do Concílio de Trento e, quem sabe, no sabor de algumas propostas alvoroçadas da convocação do Concílio Vaticano II.

> Oh! Como é grande a indiferença das almas para com tanta bondade, para com tantas provas de amor. (...) para tudo têm tempo, apenas não têm tempo para vir buscar as minhas graças (D. 367).

Manifestam-se, em seu Diário, coisas paradoxais: o profundo conhecimento a respeito da divina misericórdia, o dom da contemplação, as visões que assustaram a muitos (de Jesus, de Nossa Senhora, do purgatório e do inferno), os estigmas escondidos, o dom da profecia, o dom do discernimento e, contudo, escreveu: "Nem graças, nem aparições, nem êxtases, ou qualquer outro dom que lhe seja concedido torna a alma perfeita, mas sim, a união íntima com Deus... minha santidade e perfeição consistem na união estreita de minha vontade com a vontade de Deus" (D. 1107).

Na maioria das vezes, imaginamos que os santos não tiveram obstáculos ou problemas com as autoridades religiosas de seu tempo. Ao contrário, normalmente, eles são uma espécie de desequilíbrio naquilo que é considerado certo, correto e "imutável" na Igreja. Eles desestruturam algumas normas aceitas como imutáveis.

No texto, a seguir, Santa Faustina derrama seu coração em uma longa meditação sobre a virtude da humilhação. Como é difícil aceitar esse comportamento passivo da alma que se devota ao divino coração. Dizia ela que "no desprezo está o segredo da felicidade". Como isso contraria a lei da oferta e procura por um mundo de felicidade, prazer e boa vida!

> Quando a alma se aprofunda no abismo de sua miséria, Deus utiliza sua onipotência para enaltecê-la. Se existe na terra uma alma verdadeiramente feliz, é apenas a alma verdadeiramente humilde. De início, sofre muito com isso o amor-próprio, mas Deus, após o corajoso combate, concede à alma muitas luzes, pelas quais ela conhece como tudo é desprezível e cheio de ilusão (D. 593).

Poderíamos observar as dificuldades com São Francisco de Assis ao desejar viver a pobreza como selo de sua vida e seu ministério. Foi a humildade e a santa paciência que o fizeram vencer os obstáculos e perseverar naquilo que desejava e acreditava.

Hoje, colhemos os frutos de sua perseverança, que, embora sofrida e passada por longas tempestades, foi vencida e ficou para seus pósteres essa herança espiritual de maneira inegável, rica e misteriosa.

2.2. A beleza do Coração de Jesus

> Meu Coração está repleto de grande misericórdia para com as almas e, especialmente, para com os pobres pecadores... por eles jorraram de meu coração o sangue e a água como de uma fonte transbordante de misericórdia (D. 367).

Já no século IV, Santo Agostinho ensinou aos fiéis cristãos que a água viva, eternamente derramada do coração de Jesus, não é outra senão a água do nascimento da Igreja no sacramento do batismo. A Igreja nasce precisamente no momento em que a lança do soldado romano perfura, abre o coração sagrado de Nosso Senhor. As águas do batismo, juntamente com a paixão amorosa da Eucaristia, fluem sacramentalmente do coração de Cristo para o povo de Deus.

A devoção ao Coração de Jesus tem uma longa história. Começa com o "coração trespassado de Jesus" no Evangelho de São João – interpretado pelo misticismo medieval como uma ferida que manifesta a profundidade de seu amor –, passa pelas revelações a Santa Margarida Maria Alacoque (1647-1690), no século XVII, e o posterior culto ao Sagrado Coração, no século XIX, e vai até a Misericórdia Divina com Santa Faustina Kowalska, no início do século XX.

No final do século XIX, o Papa Leão XIII consagrou o mundo ao Coração de Jesus. Essa é uma devoção muito popular, que ganhou dimensões globais a partir do século XVII, pelos esforços de São João Eudes, Santa Margarida Alacoque e da beata Maria do Divino Coração.

Cabe ressaltar que tal culto encontra aprovação litúrgica por parte da Igreja na segunda metade do século XVIII, isto é, antes mesmo da tão conhecida revelação privada e dos escritos de Santa Margarida Maria. Em 25 de janeiro de 1765, o Papa Clemente XIII aprovou o referido culto como expressão do desejo de muitos fiéis católicos.

Não faltam fundamentos bíblicos para esse culto pautado na plenitude da Misericórdia de Deus, na qual "se manifestou a bondade de Deus, nosso Salvador, e seu amor pela humanidade" (Tt 3,4); pois "Deus enviou seu Filho ao mundo, não para condenar o mundo, mas para que o mundo seja salvo por ele" (Jo 3,17). Essas são algumas das muitas passagens da Escritura que incrementam e fundam o fervoroso culto ao Sagrado Coração de Jesus.

O apogeu do culto está na Carta Encíclica, *Haurietis Aquas* (15.5.1956), do sumo pontífice papa Pio XII, seu ponto de apoio e equilíbrio que faltavam na devoção. O significado mais profundo desse culto ao amor de Deus se manifesta apenas quando se considera mais atentamente sua contribuição não só ao conhecimento, mas também, e principalmente, à experiência pessoal desse amor na dedicação confiante a seu serviço (cf. Enc. *Haurietis Aquas*, 62).

Padre Pedro Alberto Kunrath, Pároco do Santuário Nossa Senhora da Paz, Porto Alegre, reflete sobre a devoção: "Na devoção tradicional ao Sagrado Coração de Jesus, como a Santa Margarida Maria Alacoque, Nosso Senhor forneceu a Santa Faustina novas formas com que seu misericordioso Coração devia ser honrado e novos vasos para uma renovada efusão de sua graça: a imagem da Misericórdia Divina, novas orações, tais como o Terço da Misericórdia Divina e as orações para a Hora da Misericórdia às 15 horas e, naturalmente, uma nova festa para a Igreja Católica, a Festa da Divina Misericórdia, proposta para o domingo seguinte ao da Páscoa".

Esses detalhes favorecem, de forma completa, a "devoção". Certamente, não podemos confundir as expressões achando que uma forma de cultuar seja mais importante que a outra.

Ter uma devoção ao Sagrado Coração de Jesus é uma maneira de lembrar que nunca estamos sozinhos e que sempre tem alguém que nos compreende. Mesmo quando estamos afastados de Deus ou envergonhados por causa de nossos pecados cometidos, o amor transbordante do coração sacratíssimo de Cristo não muda e nos chama de volta para ele (Craig Kinneberg).

Como Jesus falou para Santa Faustina: "Meu coração está repleto de grande misericórdia para com as almas, e especialmente para com os pobres pecadores... por eles jorraram de meu coração o sangue e a água como de uma fonte transbordante de misericórdia" (D. 367).

Ao longo da história, houve várias inculturações dessa devoção, com diferentes formas e linguagens, para que o Pai nos revelasse, em toda a sua profundidade, o mistério de seu amor por meio de um símbolo privilegiado: o coração vivo de seu Filho ressuscitado. Pois "o coração de Cristo é o centro da misericórdia", diz Francisco (cf. Fonte: *Vatican News*).

Sem delongas, podemos anotar o que Santa Faustina, por obediência ao confessor, deixou registrado a respeito do quadro, indicando a fonte do Sagrado Coração de Jesus, por meio dos símbolos dos raios difusos que saem de seu coração.

De forma resumida: os raios que saem do Coração de Jesus têm um significado maravilhoso revelado pelo próprio Senhor. Eles relembram o sangue e a água que jorraram de seu coração, quando este foi perfurado pela lança. Os raios vermelhos simbolizam o sangue de Jesus, que salva o homem. O raio azul claro simboliza a água viva, o Espírito Santo, que brota do coração de Jesus e nos purifica de todo pecado.

Segundo as palavras do próprio Jesus: "Os dois raios representam o sangue e a água: o raio pálido significa a água que justifica as almas; o raio vermelho significa o sangue que é a vida das almas. Ambos os raios jorraram das entranhas de minha misericórdia, quando, na cruz, meu coração agonizante foi aberto pela lança. Esses raios defendem as almas da ira de meu Pai. Feliz aquele que viver sua sombra, porque não será atingido pelo braço da justiça de Deus. Desejo que o primeiro domingo depois da Páscoa seja a festa da misericórdia" (D. 299).

2.3. "Jesus, eu confio em vós"

Eis a missão que lhe foi confiada: recordar a verdade sobre o amor misericordioso de Deus; transmitir novas formas de culto à Misericórdia Divina; e inspirar um movimento de renovação religiosa no espírito evangélico de confiança absoluta em Deus e na prática das obras da caridade cristã.

Em nosso entender, sobressaem três realidades.

A *primeira* é sobre o quadro e seu simbolismo retratado naqueles raios que surgem do lado esquerdo de seu coração e a *segunda* é sobre o sentido da frase *Jesus, eu confio em vós*. Parece-nos que as duas realidades devem estar em sintonia. Isso é curioso, pois, quando se escolheu o pintor para reproduzir o quadro, a certa altura, parecia que a frase não coubesse nele. Então houve uma adaptação, e a frase ficou no solo da pintura!

Vejamos este detalhe.

Em determinado momento, o confessor perguntou-me como deveria ser colocada essa inscrição, visto que tudo isso não cabia nessa imagem. Respondi que rezaria e responderia na semana seguinte. Quando saí do confessionário e estava passando diante do Santíssimo Sacramento, recebi a compreensão interior de como devia ser essa inscrição. Jesus me lembrou de o que tinha dito na primeira vez, isto é, as palavras que devem ser salientadas: 'Jesus, eu confio em vós'" (D. 327).

A *terceira* é sobre a inscrição "Jesus, eu confio em vós", que é uma jaculatória, ou seja, uma pequena oração que deve ser repetida com frequência, com fé e devoção. Jesus também falou sobre ela: "Pinta uma imagem de acordo com o modelo que estás vendo, com a inscrição: 'Jesus, eu confio em vós'. Desejo que essa imagem seja venerada, primeiramente, em vossa capela e, depois, no mundo inteiro. Prometo que a alma que venerar essa imagem não perecerá. Prometo também, já aqui na terra, a vitória sobre os inimigos e, especialmente, na hora da morte. Eu mesmo a defenderei como minha própria glória" (cf. D. 47-48).

Jesus ainda disse: "Ofereço aos homens um vaso, com o qual devem vir buscar graças na fonte da misericórdia. O vaso é a imagem com a inscrição: 'Jesus, eu confio em vós'" (D. 327).

Obedecendo a seu diretor espiritual, escreveu no Diário tudo aquilo que Jesus lhe revelou sobre a Misericórdia. Nesse ínterim, distingamos o quadro e a frase como duas realidades (mais à frente, desenvolveremos melhor a reflexão).

Vamos compreender, por ela mesma. Era o ano de 1931.

A revelação, a imagem, a pintura e o quadro

Era noite. Disse que se encontrava em sua cela e viu Nosso Senhor vestido de branco. Nesse momento, descreveu sua intuição a respeito do que contemplava naquele instante. Revelou que estava cheia de temor, mas também de muita alegria. Ele disse: "Pinta uma imagem de acordo com o modelo que estás vendo, com a inscrição: 'Jesus, eu confio em vós'. Desejo que esta imagem seja venerada, primeiramente, em vossa capela e, depois, no mundo inteiro" (D. 47).

A veneração de um quadro, representando Nosso Senhor, com os traços da visão com que Irmã Faustina foi agraciada em 22 de fevereiro de 1931, em Plock, na Polônia, é vontade expressa de Jesus. O Senhor fez grandes promessas para aquele que venerar a imagem (a pintura) de Jesus Misericordioso.

A visão ordenada de Jesus lhe deu algumas instruções a respeito do sentido daquela veneração e lhe asseverou com estas palavras: "Prometo que a alma que venerar esta imagem não perecerá. Prometo também, já aqui na terra, a vitória sobre os inimigos, especialmente na hora da morte. Eu mesmo a defenderei como minha própria glória" (D. 48).

> Minha filha, olha para o abismo de minha misericórdia e dá a essa misericórdia louvor e glória. Faze-o da seguinte maneira: reúne todos os pecadores do mundo e mergulha-os no abismo de minha misericórdia. Minha filha, quero entregar-me às almas, desejo almas. Em minha festa, na festa da Misericórdia, percorrerás o mundo inteiro e trarás as almas que desfa-

lecem à fonte de minha misericórdia. Eu as curarei e fortalecerei (D. 206).

Vamos ler o que Jesus lhe revelou em seu Diário. As palavras transcritas acima são repletas de misterioso cuidado sobre a veneração. Embora já nos tenhamos referido anteriormente, vamos retomar o significado, pois ele é importante para os devotos. Comumente, encontramos o quadro em casas de família, igreja e estabelecimentos comerciais como atitude própria de devotos.

Assim, ela anotou em seu Diário: "Os dois raios representam o sangue e a água: o raio pálido significa a água que justifica as almas; o raio vermelho significa o sangue que é a vida das almas... Esses dois raios brotaram das entranhas de minha misericórdia, quando na cruz meu coração agonizante foi aberto pela lança. Esses raios defendem as almas da ira de meu Pai. Feliz aquele que viver a sua sombra, porque não será atingido pelo braço da Justiça de Deus" (D. 299).

As promessas de Nosso Senhor

Escreveu: "Prometo que a alma que venerar esta imagem não perecerá. Prometo também: já aqui na terra, a vitória sobre os inimigos e, especialmente, na hora da morte. Eu mesmo defenderei como minha própria glória" (D. 48).

Santa Faustina retomou várias vezes, quase com as mesmas palavras. São expressões muito fortes e repletas de promessas. E prosseguiu, de forma a acrescentar outros detalhes. Revelou minudências de sua estrutura pessoal:

pintar a imagem em sua alma, o desejo de uma festa da misericórdia, devoção ao primeiro domingo depois da Páscoa, a festa da divina misericórdia, o anúncio da divina misericórdia pelos padres, a falta de confiança das almas escolhidas, a morte de Cristo parece não ser suficiente (cf. D. 49-50).

Sua impressão na visão. "Meu olhar, nesta imagem, é o mesmo que eu tinha na cruz." Depois de certa inquietação, e a conselho de seu confessor, colocou-se em discernimento diante do sacrário. Mais uma vez, o Senhor lhe confirmou: "Ofereço aos homens um vaso, com o qual devem vir buscar graças na fonte da misericórdia. O vaso é esta imagem com a inscrição: 'Jesus, eu confio em vós!'" (D. 326,327).

Em coincidência, alguns séculos atrás – 248 anos –, Santa Margarida Maria Alacoque (1647-1690) recebia as revelações do Sagrado Coração de Jesus mostrando seu coração divino.

Jesus confiou a Santa Margarida: "Eis o coração que tanto amou os homens, que nada poupou, até se esgotar e se consumir para lhes testemunhar seu amor. Como reconhecimento, não recebo da maior parte deles senão ingratidões, por suas irreverências, pelos sacrilégios, pela tibieza e pelo desprezo que têm para comigo na Eucaristia...". Praticamente com as mesmas propostas de veneração ao quadro de seu coração no cumprimento de suas promessas.[5]

---

[5] Gasques, J., *Um Coração Para Amar*, Edições Loyola, 2017, 96 páginas. Aqui desenvolvemos as 12 promessas do Coração de Jesus a sua Santa Margarida Maria Alacoque. A devoção ao Sagrado Coração é uma das mais puras e bíblicas experiências. Nesta obra, o autor indica alguns caminhos para se chegar a esse Coração misericordioso a partir das Doze Promessas do Sagrado Coração de Jesus. Assim, os devotos terão um coração sempre pronto a amar e servir.

Essa imagem foi revelada a Santa Faustina em 1931 e o próprio Jesus lhe pediu que a pintasse. Seu confessor, Pe. Sopocko, encarregou-se de encontrar o artista para a pintura. Irmã Faustina ia, de vez em quando, conferir a pintura para verificar se estava proporcional à revelação.

Depois, o Senhor lhe explicaria seu significado e o que os fiéis alcançariam com ela. Entretanto, Santa Faustina, viu que a imagem, em sua opinião, "não refletia" toda a beleza de Jesus, mas ele a incentivou.

Como sabemos, posteriormente, foram pintadas três imagens significativas quando se começou a propagar a devoção à Misericórdia Divina. A primeira é a que se fez, segundo indicações de Santa Faustina, pelas mãos de Eugênio Kazimirowski, concluída em 1934 (cf. *acidigital.com,* visitado em setembro de 2020).

A segunda foi feita por encargo da Congregação das Irmãs da Mãe de Deus da Misericórdia, em 1942, pelo artista Estanislao Batowski, mas, durante a insurreição de Varsóvia, a capela e a imagem foram consumidas pelo fogo. Em seguida, encomendaram ao artista que pintasse outra para a Capela da Misericórdia Divina, em Cracóvia.

Nessa época, o pintor Adolfo Hyla chegou à casa da Congregação em Cracóvia, com a proposta de pintar um quadro como voto, por ter se salvado na guerra. Deram-lhe um santinho da Divina Misericórdia e as descrições de Santa Faustina. O pintor terminou o quadro, em 1943, que foi abençoado na capela pelo Pe. Andrasz, confessor de Faustina.

A primeira pintura era em tamanho muito superior para entrar no altar da capela e necessitou de uma nova pintura, em um quadro menor. O artista repintou a tela, eliminando os prados e as matas, que havia feito, e colocou um fundo escuro com o chão sob os pés de Jesus.

Aquela imagem de Hyla se tornou famosa, pelas graças que os fiéis recebiam, e a mais difundida pelo mundo. Dessa maneira, cumpriu-se o pedido de Jesus a Santa Faustina: "Desejo que esta imagem seja venerada, primeiramente, em vossa capela e, depois, no mundo inteiro".

Infelizmente, são encontradas as duas pinturas ou mais pinturas executadas por artistas amadores ou devotos de Santa Faustina que não carregam sua originalidade. Mesmo em nossa paróquia, existem três tipos de pinturas diferentes!

Precisamos, também, perguntar-nos sobre o tipo de quadro-imagem que será adotado na comunidade paroquial ou alguns detalhes da devoção. Na maioria das vezes, até desmerecemos essas nuances e as achamos de pouca importância. A revelação assim foi descrita por Jesus: "Por meio dessa imagem, concederei muitas graças às almas; que toda alma tenha, por isso, acesso a ela" (D. 570).

Os párocos, ao implantarem o "movimento" da Misericórdia Divina, devem ter mais cautela nos pequenos quesitos quanto à imagem-quadro a ser adotada na comunidade. Para a maioria das pessoas, quem sabe, não faça diferença, mas observando detalhes do devocional isso se torna muito importante.

Minúcias parecem não importar muito à fé! Nós católicos necessitamos de cuidar melhor da qualidade de nossas imagens devocionais, pinturas, nossos objetos, em geral, para o uso de devoção das pessoas e piedade popular. A maioria das imagens é feita sem qualidade artística e com pouco valor. Certamente, isso desmerece a beleza daquilo que representa.

A preocupação com a beleza deveria ser uma questão predominante de todo religioso ao contemplar uma imagem. Michelangelo definiu a beleza como a purificação do supérfluo, ou seja, a beleza é a realização do essencial, remete-nos à essência do ser, daquilo que é. A beleza é a base unificadora do ser. Então, o que dizer das imagens sem qualidade artística? O que se está contemplando?

Na sociedade de consumo, que é também a sociedade do supérfluo e do descartável, nada mais resiste à ditadura da estética; quando passa a moda, o que era belo não é mais. Desse modo, devemos imaginar nosso devocional para que não façamos a reprodução da mesma sociedade que "venera" qualquer tipo de imagem como passageira.

A beleza de uma imagem-quadro nos faz rezar mais e melhor. Certamente, fora isso que Jesus estava imaginando para Santa Faustina: que ela mesma pintasse o quadro-imagem! Ela reclamou que não sabia fazê-lo. Seu confessor procurou um artista hábil, e Santa Faustina deu os toques para que ele se aproximasse da realidade que ela viu.

3. A BELEZA DA MÍSTICA

Iniciamos nos perguntando o que é a mística? O místico é aquele que entra em relação pessoal com a divindade. Essa palavra se refere às verdades ocultas da fé cristã, descobertas ou aprofundadas por meio de um conhecimento mais íntimo de Deus. É um conhecimento espiritual, imediato e imaterial, dado por Deus, que atua no sujeito.

Rahner afirma que o cristão de amanhã ou será um místico ou não será um cristão. Essa pergunta e afirmação dá sentido à beleza que devemos observar nos santos místicos. O século XX trouxe em pauta essa teologia. Carl Rahner foi o precursor dessa teologia/espiritualidade em decorrência das dificuldades do século XX.

Santa Faustina não nos trouxe essa expressão em seu Diário. Parecia estar alheia a sua conduta, ou não a conhecia, ou a omitiu por vez. A mística é mais uma condição de quem a vive e não se deve atribuir a si. Certamente, ela não tinha essa pretensão; nem na questão da espiritualidade se acendia ao uso do termo em seus escritos.

Com humildade, simplicidade, Santa Faustina não tinha a pretensão de ser mística ou carregada de espiritualidade. Ela vivia o projeto de Deus de forma serena e começou a entender que suas visões ou monções não eram qualquer sentimento de pertença ou de privilégio particular. Tinha consciência disso.

Os místicos são diferentes e extravagantes. Não parecem notar algo extraordinário em sua vida. Normalmente, têm um diretor espiritual que os ajuda a descobrir e a valorizar as revelações que vão aparecendo, escrevem cartas, diários e anotações em cadernos.

A mística tem uma longa história no cristianismo. Não vamos explorar aspectos particulares, apenas os que nos interessam neste livro. Até hoje Agostinho é considerado o pai da mística contemplativa que se eleva, para abismar-se na verdade de Deus, e que, ao mesmo tempo, se dá no coração. Foi alguém que uniu a genialidade intelectual à fundura mística intensa.

Poderíamos observar a mística feminina, entre os séculos XI e XV, repleta de mulheres extraordinárias: Catarina de Sena (1347-1380), Hildegard de Bingen (1098-1179); e Hadewijch de Antuérpia (1200-1260), Margarete Porete (1250-1310) e Christine de Pisan (1363-1430), que são menos conhecidas. Certamente, todas essas são bastante diferentes de Faustina.

Muitas figuras místicas apareceram na Idade Média, como São Bernardo de Claraval (1090-1153), bebendo das fontes de São Bento, Pedro Abelardo (1079-1142), São Francisco de Assis, Tomas Kempis (1379-1471) e outros que foram se manifestando em um tempo em que Deus desejou que esses viessem com uma doutrina de equilíbrio entre fé e razão.

Mais modernamente, Johann Eckhart (1260-1327), místico ousado, ficou muitos anos desconsiderado pela Igreja por não acreditar em suas reflexões. Santa Faustina, também, ficou no esquecimento por muitos anos por ser considerada exagerada em seus escritos no Diário, assim como Teresa e outros.

Outra mulher, Hildegard de Bingen, inaugurou outro tipo de mística, que faz fronteira bem próxima com a ciência; bem diferente, todavia, de Faustina.

Não podemos deixar de nos lembrar de São João da Cruz, Santa Teresa de Ávila e Inácio de Loyola; este, durante a longa convalescença, como não houvesse livros de cavalaria que o entretivesse, começou a ler a *Vita Christi* do cartuxo Ludolfo de Saxônia e a *Legenda Áurea* sobre a vida dos santos.

Os místicos não mais são encontrados, principalmente, dentro dos claustros ou das ordens religiosas. Podem ser vistos em fábricas, em meio ao ritmo barulhento e estressante das máquinas e indústrias. Surgem homens e mulheres que têm coragem de se declararem autênticos intérpretes da vontade de Deus.

Lembremo-nos de Thomas Merton, nascido em 1915 e convertido em 1938, que se tornou monge trapista da Abadia do Gethsêmani, no Kentucky. No claustro, Merton foi autorizado a escrever, passando a ser autor de sucesso. Charles de Foucault converteu-se aos 28 anos e começou uma vida de maior busca de Deus, em um processo de descida *kenótica* ao lugar mais pobre e mais difícil.

Edith Stein nasceu em Breslau, Alemanha, no dia 12 de outubro de 1891; foi retirada de seu convento e levada ao campo de concentração nazista, campo de extermínio de Auschwitz. Bonhoeffer deixou um legado precioso; a mística de Simone Weil, como ela mesma disse, é cristã, mas permanece no umbral da instituição e da pertença oficial.

Há muitos outros anônimos, tão importantes quanto os nomes lembrados, que batalharam e ainda batalham por uma vida mais digna. O exemplo escolhido de "ser místico" foi Simone Weil, que, durante toda a sua vida, defendeu a igualdade social, denunciando as humilhações e maus-tratos vividos pelos trabalhadores nas fábricas durante a década de 30 (Mariana do Nascimento Pernambuco).

Sem delongas, os grandes místicos da América Latina e do Brasil foram pessoas que marcaram seu tempo, pois viveram em épocas difíceis, como a da "coluna de ferro" épocas em que tantos tombaram em defesa da justiça.

Temos, ainda na América Latina, os místicos da justiça e opção pelos pobres. Muitos, que ou foram esquecidos ou são pouco lembrados, foram pessoas que tombaram pelo evangelho e lutaram em favor dos mais pobres. Nesse campo, buscamos as raízes dessa opção. No raiar do Concílio, a voz do papa João XXIII: "Com relação aos países subdesenvolvidos, a Igreja se apresenta como é e quer ser: a Igreja de todos e, particularmente, a Igreja dos pobres". Era o dia 11 de setembro de 1962 e, desse modo, fazia irrupção, na Igreja no século XX, o tema da Igreja dos pobres.

Não vamos desfilar os nomes, mas ficaram registrados em nossa história e no caminhar da Igreja.

Acima de tudo, a mística é o desejo de experimentar um profundo sentimento da presença, de Deus, como fizera de forma intensa Santa Faustina. Ela recebeu as revelações em um período difícil de sua terra natal.

O homem pós-moderno não tem perspectiva de futuro e vive, apenas, para o presente buscando sua felicidade, sua satisfação pessoal no "agora", pois não sabe o que esperar do "amanhã". É nesse cenário sombrio que Deus se revela a sua "secretária" para escrever suas inspirações.

Irmã Faustina se colocou em colóquio com Deus, obedecendo às instruções de seu confessor, iniciou o processo de anotação em seus cadernos. Hoje, podemos beber dessa fonte de forma serena e experimental.

3.1. Os ensinamentos dos santos místicos

Assim, quando ouvimos a palavra mística, nós a ligamos logo a algo sobrenatural, distante e fora da realidade, o que gera até certo medo de se falar. Por muitos estudiosos e críticos é vista sob suspeita e desprezo, já que, segundo eles, a mística não leva em consideração o ser humano inserido na história (Mariana do Nascimento Pernambuco).

Pelo que lemos no Diário, não é bem esse o caminho traçado por Faustina. Seu Diário é repleto de sentimento de compaixão (misericórdia). Parece um "manual" sobre a divina misericórdia. O modo como ela fez suas anotações deve ser bem entendido. Caso contrário, o Diário se torna cansativo e, de certa forma, suas "visões" místicas repetitivas.

Parece-nos que uma leitura, por parte, é bem-vinda para seu entendimento. Por exemplo, quando nos referimos a sua relação com Maria, com Jesus, com a Igreja, com os anjos, com Deus, com o tema da misericórdia e assim por diante.

Seu Diário revela duas dimensões: suas experiências místicas (diálogos com Jesus) e a escatologia subjacente em suas páginas. Vivia-se, naquele período, tempos sombrios. A Polônia era uma nação fracionada pela emergência da guerra e o sistema político era contagiante no que se referia ao medo do comunismo. Curiosamente, ela não deixou transparecer esses aspectos políticos e sociais de forma mais amiúde em seus escritos.

Em Varsóvia, iniciou a escrita de seu primeiro caderno, no ano de 1925: "Devo escrever os encontros de minha alma convosco, ó Deus, nos momentos de vossas especiais visitas... Vossa santa vontade é a vida de minha alma... bem vedes como me é difícil escrever claramente o que experimento em minha alma" (D. 6).

Ela trouxe à tona assuntos (meio) esquecidos, como a doutrina do purgatório, acenada anteriormente por nós neste livro, a descida ao purgatório e ao inferno. São contextos que assombram o leitor moderno. O modo de se anotar suas "visões", certamente, deixa o leitor encabulado. Dá-se, sempre, a entender que estivera, pessoalmente, nesses lugares. Na realidade, ela tivera "visões" místicas que ficaram na área da imaginação espiritual.

As conhecidas "visões" ou "revelações" ou "locuções" devem ser entendidas com maturidade. Elas podem ser moções espirituais atribuídas a certas pessoas. No mundo pentecostal, são muito comuns esses arroubos de espiritualidade, encontrar, na televisão e outras mídias, pregadores que se aproximam da plateia e dizem em alto tom: "Deus está me revelando...", "Deus colocou isso em meu coração", e por aí vão as insinuações para atrair o público para sua pessoa. Outros, também, dizem ouvir vozes, ver anjos e outros detalhes.

Essas chamadas "manifestações carismáticas" não são na ordem da fé, no sentido que se deva acreditar. São manifestações particulares e que não têm uma linha direta com Deus ou com a Revelação divina, embora possam parecer impactantes. As visões não podem ser provadas, apenas experimentadas, por isso alguns mais afoitos exageram nos comentários.

Anne Catarina Emmerich teve visões místicas sobre os últimos dias de Maria na Terra. Ela, como dizem, era transportada para lugares pouco imaginados, como, por exemplo, para a casa de Maria em Éfeso, e também teve outras visões, como da Santa Ceia, do paraíso, do purgatório etc.

Francisco de Assis nos permite constatar: a mística que se traduz do Cântico das Criaturas não é só oportuna, como também necessária à época atual; é de grande relevância para nosso momento religioso e delineiam-se elementos preciosos para uma autêntica busca da experiência de Deus.

A vida de Francisco, com todos os elementos (irmão sol, irmã lua, irmã e mãe terra...), que ele louva no Cântico à novidade da palavra e sentido profundo como "missão evangelizadora" do escritor Francisco, para sua realidade e para nosso tempo, para nossa relação com as criaturas e com Deus. Ação de graças, de fraternidade, acima de tudo, profundo respeito e convivência alegre com todos os bens que saíram das mãos da bondade infinita do eterno e sempre próximo de todos nós, o Deus Criador (cf. Introdução *Fontes Franciscanas*, p. 121-122).

A relação entre Francisco e Faustina é bastante grande e próxima. Ele era italiano, e ela, polonesa, vivendo em um tempo de inquietação política; além disso, Francisco vivia um tempo de perturbação religiosa entre o clero de seu tempo. Os dois trazem uma mensagem de referência para a atualidade da misericórdia: ele viveu a mística ecológica e cósmica ao extremo de sua observância e compaixão; ela fez um convite para buscar o Senhor enquanto houvesse tempo na extensão de sua misericórdia.

Francisco nos deixou, no ano de 1226, com apenas 44 anos de idade, e Faustina faleceu no ano de 1938, com apenas 33 anos de vida. Ambos deixaram este mundo com idades bastante próximas. São mais de 700 anos que os separam, mas isso não impede um registro de vida pautada na misericórdia em todos os sentidos e em sua plenitude e maturidade espiritual.

A mística de Francisco enfoca a confraternização; Faustina evoca a comunhão com a divina misericórdia. "O Cântico desemboca nesse despojamento total de si mesmo." Francisco expressa o desapego do próprio eu e está totalmente aberto ao ser de Deus; Faustina expressa o desapego e a comunhão em uma linguagem transfigurada.

Ambos viveram a experiência dos estigmas: Francisco de forma mais infinita, e Faustina de forma mais escondida e interna. A dor e os sentimentos os aproximaram da paixão redentora de Cristo. A dor, certamente, é igual para todos, indistintamente. Faustina anotou em seu Diário: "Durante esta quaresma, sentia, frequentemente, a paixão de Nosso Senhor em meu corpo; sentia no fundo de meu coração tudo o que Jesus sofreu, embora exteriormente em nada se manifestasse meus sofrimentos – sabe deles apenas o confessor" (n. 203.284).

Muitos outros tiveram experiências místicas extraordinárias. A história da Igreja está cheia desses homens e dessas mulheres. Há também casos de místicos agraciados com dons sobrenaturais visíveis, como a levitação, a bilocação, os estigmas da Paixão de Cristo, entre outros. Santo Antônio e Santa Rita são uns deles.

A mística de Faustina é carregada de tolerância. "... Quanto maior o pecador, tanto maiores direitos tem minha misericórdia. Em cada obra de minhas mãos, confirma-se esta misericórdia. Quem confia em minha misericórdia não perecerá, porque todas as suas causas são minhas, e os seus inimigos desbaratados aos pés de meu escabelo" (D. 723).

Os santos místicos nos ensinam duas bases fundamentais: o amor e o aniquilamento da pessoa em função do criador. São dois caminhos de um trilho certo ao destino final. Seus ensinamentos passam por essa estrada difícil e apertada da vida. Os místicos são sempre originais, pois não saem do contexto em que se encontram e não se repetem, apenas mudam mantendo a mesma tez.

São Bernardo (1090-1153) apresentou quatro interessantes pontos fundamentais. Falou dos quatro beijos do divino amante, na história da salvação.

O *primeiro* foi quando Deus beijou os homens espirituais do Antigo Testamento para que o desejassem diretamente, sem intermediários: beijo de Moisés, que gaguejava; de Isaías, que tinha lábios impuros; de Jeremias, que não sabia falar, porque era um menino; dos profetas, que eram como mudos. O *segundo* foi o de Deus na natureza humana quando Jesus se encarnou. O *terceiro* foi quando Deus (o Verbo) beijou Jesus feito homem. E o *quarto* foi quando cada um se reconheceu e acolheu a divindade do Verbo, revelada na humanidade de Cristo.

O beijo é o Espírito soprado por Jesus em sua Igreja e em cada fiel. A participação na vida divina se fundamenta em nossa relação pessoal com o Verbo encarnado, que é o lugar de nossa inserção na Trindade.

Mística e poesia se tornam um "casamento" perfeito (podemos conferir: São João da Cruz, Pedro Casaldáliga etc.)! Curiosamente, Francisco e Faustina também compuseram hinos de louvor à misericórdia divina.

Devemos pensar em uma mística de olhos abertos. "O cristianismo do futuro será místico, ou não será de forma alguma." Nessa afirmação de Rahner, podemos começar a entender a mística dentro de seu real contexto.

O místico sonha de olhos abertos, não nega a realidade ou coloca panos quentes nas situações difíceis. Não tem medo de olhar para a política ou para economia. Místico verdadeiro tem a Bíblia em uma das mãos e, na outra, um jornal (Pe. Joãozinho).

O Catecismo da Igreja nos esclarece: "O progresso espiritual tende para a união cada vez mais íntima com Cristo. Essa união chama-se 'mística', porque participa no mistério de Cristo pelos sacramentos – 'os santos mistérios' – e, nele, no mistério da Santíssima Trindade. Deus chama-nos a essa íntima união com ele, mesmo que graças especiais ou sinais extraordinários desta vida mística somente a alguns sejam concedidos, para manifestar o dom gratuito feito a todos" (CIC, 2014).

3.2. A necessidade de uma nova espiritualidade

Parece que estamos cansados. No findar do século XX e início do século XXI, acenderam, de forma exorbitante, inúmeras expressões de espiritualidade como desejo de dar uma resposta aos anseios da humanidade.

O conceito de Misericórdia Divina foi adquirindo significados, passando a ser compreendido como uma graça libertadora de tudo aquilo que oprime o homem, como o pecado, o mal, e despertando, no coração do homem, uma alegria de reconhecer a Deus e de ser reconhecido por ele. A seguir trazemos outros pontos sobre esse emergir de espiritualidade.

O papa João Paulo II, no início de seu pontificado, escreveu uma Encíclica enfatizando a misericórdia como centro de espiritualidade:

> A mentalidade contemporânea, talvez mais do que a do homem do passado, parece opor-se ao Deus de misericórdia e, além disso, tende a separar da vida e a tirar do coração humano a própria ideia da misericórdia. A palavra e o conceito de misericórdia parecem causar mal-estar ao homem, o qual, graças ao enorme desenvolvimento da ciência e da técnica, nunca antes verificado na história, tornou-se senhor da terra, subjugou-a e a dominou. Tal domínio sobre a terra, entendido por vezes unilateral e superficialmente, parece não deixar espaço para a misericórdia (*Dives in Misericordia*, 2d).

Santa Faustina deu especial atenção à Eucaristia. Ela estava certíssima. Devemos valorizar, sim, a Eucaristia e refletir melhor sobre suas consequências. Na maioria das vezes, quando vão à missa, as pessoas se colocam na fila da comunhão; nem sempre estão, suficientemente, preparadas para receber tão grande sacramento. Recorda Santa Faustina:

> Em determinado momento, eu desejava muito receber a santa Comunhão, mas, porque tinha certa dúvida, não fui comungar. Sofri terrivelmente por essa razão. (...) Quando fui trabalhar cheia de amargura no coração, de repente, Jesus colocou-se ao meu lado e disse-me: "Minha filha, não faltes à Comunhão, a não ser quando tiveres a certeza de que pecaste gravemente. (...) Tuas pequenas faltas desaparecerão em meu amor como uma palha jogada em um grande braseiro" (D. 156).

Seu Diário guarda as revelações de Cristo sobre o tema da luta espiritual, sobre como proteger-se dos ataques do demônio. Essas instruções se tornaram a arma de Faustina na luta contra o maligno inimigo. Diário 97 descreve essa situação de como a "fé fica exposta ao fogo da luta".

Vale lembrar, também, que Faustina teve um olhar espiritual a partir de sua condição de vida, como religiosa. Deve-se cuidar para não pensarmos em uma espiritualidade a partir de suas concepções como religiosa, pois os devotos, em sua maioria, são leigos. A vida consagrada tem outro ritmo.

Temos observado, na maioria das vezes, esse descuido daqueles que propagam, de forma assustosa, a devoção à Divina Misericórdia, sem olhar a condição do devoto. O cuidado seria para não tomarmos frases soltas do Diário como síntese do pensamento de Santa Faustina. Em todo o caso, estamos fazendo suposições apenas e indicando caminhos de encontro com a divina misericórdia!

Para termos uma leve ideia da situação, existe, no buscador Google, mais de 5 milhões de indicações sobre Santa Faustina. Isso dá a ideia de dimensão à qual chegou esse entendimento de espiritualidade. Acrescidas a isso, algumas informações aleatórias sobre Santa Faustina: "10 frases impactantes retiradas do diário de Santa Faustina"; "Frases de Santa Faustina"; "17 coisas que Jesus revelou a Santa Faustina sobre a Divina Misericórdia"; "Os 25 segredos que Jesus revelou a Santa Faustina para lutar contra o demônio"; assim vão as indicações de informações...

Ela vivera no início do século XX, marcado por inúmeras contradições. Vivera em plena expansão da "inauguração" do século XX com uma guerra de proporções catastróficas (chamada por muitos de seus contemporâneos de "apocalíptica"); parecia ser um prenúncio da sucessão de guerras sangrentas que se alastrariam ao longo do século.

Curiosamente, a questão política ficou, completamente, ausente das manifestações de Cristo a sua "secretária". A vida conventual tinha outro ritmo. Mas acreditamos que, por base, estava a questão política da Polônia, que, nesse tempo, sofria com a revolução comunista na Rússia. Em dado momento, anotou que: "Rezo sem cessar pela Polônia, pela minha querida Polônia, que é tão pouco grata a Nossa Senhora..." (D.

686). Considera-se "uma gota diante da onda do mal" (*idem*). Várias são as vezes em que aparecem ela e as irmãs rezando pela Polônia e pelo mundo inteiro. "Em determinado momento, ouvi esta voz na alma: faz uma novena pela Pátria. Esta novena constará de recitação da Ladainha de todos os santos. Pede a permissão do confessor" (D. 59 e cf. 32, 687).

Naquele tempo, duas questões políticas mereciam destaque: a Guerra Russo-Japonesa (1904-1905) e a Guerra dos Bálcãs (1912-1913). Essas guerras, sobretudo a dos Bálcãs, delineavam um pouco do que aconteceria em 1914, uma vez que foi na Bósnia (um dos países da Península Balcânica) que o arquiduque austríaco Francisco Ferdinando foi assassinado.

Irmã Faustina, com as demais irmãs, sofria as consequências históricas daquele momento. Nada era uma "simples" manifestação de Cristo a sua fiel servidora. As constantes manifestações de Cristo a sua "secretária" conotavam sua proteção a suas servas. Acreditamos, também, que as irmãs eram "proibidas" de fazerem manifestações políticas diante da situação em que estava mergulhada a Polônia naquele início de século.

A espiritualidade nasce de contextos políticos, sociais, econômicos e religiosos. Podemos observar um Francisco de Assis, em plena dificuldade religiosa de seu tempo; um São Carlos Borromeu, na formação dos padres; uma Teresa de Ávila, na crise das casas religiosas; bem como a formação, a revitalização da vida religiosa e a vivência dos conventos. Esses são chamados de reformadores.

Santa Faustina não tinha esse viés, embora, inicialmente, pensasse que Jesus desejava que fundasse uma congregação! Sua vida foi plasmada por outro veio de fecunda mística e um acento à teologia escatológica da segunda vinda de Cristo; por isso a importância de tantas recomendações aos padres e das visões do céu, inferno e purgatório. Em uma visão sobre Maria Santíssima, em 1936, falou do dia da justiça divina, o dia da segunda vinda de Jesus:

> Oh, como é agradável a Deus a alma que siga fielmente a inspiração de sua graça! Eu dei o Salvador ao mundo e, quanto a ti, deves proclamar ao mundo sua grande misericórdia, preparando-o para a sua segunda vinda, quando ele vier, não como Salvador Misericordioso, mas como justo Juiz. Oh, quão terrível será esse dia! Está decidido o dia da Justiça, o da ira de Deus: os próprios Anjos tremem diante dele. Fala às almas dessa grande Misericórdia, enquanto é tempo de compaixão. Se te calares agora, terás de responder naquele dia terrível por um grande número de almas. Nada receies, sê fiel até o fim. Eu me compadeço de ti (D. 635).

Foram fatores preponderantes, para a determinação de mudanças na compreensão da espiritualidade, que, por anos a fio, seu Diário foi "esquecido" pelas autoridades eclesiásticas.

A espiritualidade e a mística têm e carregam esses traços. Seu nascimento, em contexto, levou os grupos de interesse a olhar a "espiritualidade" por aquele caminho. Observamos Santo Inácio de Loyola com seus inconfundíveis exercícios espirituais; São Luís de Montfort com ascendência à espiritualidade mariana; São Domingos com o incentivo e a criatividade a da oração do terço e assim por diante.

Santa Faustina decola a necessidade da Misericórdia Divina. Esse tema estava "esquecido" pelos pregadores e promotores da fé católica. Jesus queria relembrar à humanidade sua bondade, seu amor e sua misericórdia.

Ele escolheu uma santa, freira, de origem muito humilde, de pouco estudo e deu-lhe uma tarefa: "É teu dever e tua missão, em toda a tua vida, dar a conhecer às almas a grande misericórdia, que tenho para com elas, e animá-las à confiança no abismo de minha misericórdia" (D. 1567); disse Jesus a ela, quando pediu que ele abençoasse sua caneta.

O conceito de espiritualidade, tendo a misericórdia como fonte, deve nascer da compreensão do Coração de Jesus. O centro da mensagem – em Santa Margarida Maria e Santa Faustina – se referia ao Coração de Jesus, que tem amado os homens a ponto de nada poupar até exaurir-se e consumir-se para demonstrar-lhes seu amor.

Nas duas revelações – Margarida e Faustina –, diz-nos que a nova devoção era um esforço maior do Coração de Jesus, querendo a todo custo tirar o homem do abismo do pecado.

Enfim, sem delongas, na base de sua espiritualidade está o amor misericordioso, que tem como eco dessa espiritualidade os escritos de seu Diário, que aludem à bondade de Deus, ao mistério da Encarnação, sendo tudo envolvido nesse amor de Deus, que se revela em bondade para com os homens. Assim a Irmã Faustina foi conduzida a uma descoberta da presença de Deus em sua alma.

Como que dando um salto em sua história, nesse período, nasceram vários movimentos de devoção marianos, bem como as "manifestações" marianas em várias partes do mundo, como as aparições em Fátima, no ano de 1917, e inúmeras outras pelo mundo todo. É um aceno ao devocional.

Certa vez Maria se manifestou à Irmã Faustina, em grau de ternura, e lhe disse (embora citado anteriomente, acenamos mais uma vez por sua contundência de expressão):

> "Oh! Como é agradável a Deus a alma que segue fielmente a inspiração de sua graça! Eu dei o Salvador ao mundo e, quanto a ti, deves falar ao mundo sua grande Misericórdia, preparando-o para a sua segunda vinda, quando virá não como Salvador misericordioso, mas como justo Juiz... Fala às almas dessa grande Misericórdia enquanto é tempo de compaixão. Se tu te calares agora, terás de responder naquele dia terrível por um grande número de almas. Nada receies, sê fiel até ao fim. Eu me compadeço de ti (D. 635).

Faustina, na relação com Maria, é bastante sucinta e recatada e a chama de "mãe de misericórdia": "Não sou apenas a Rainha do céu, mas também a Mãe da misericórdia e a tua mãe..." (D. 330).

Teve várias locuções com Maria, e, de variadas formas, Maria se comunicava com Faustina. Podemos encontrar diversas orações de Santa Faustina à Mãe do céu. Poderá encontrar, no Diário: a Misericórdia Divina em minha alma, números: 40, 93, 1097, 330, 635, 79, 161, 240.

4. A GRANDEZA DA MISERICÓRDIA HUMANA E DIVINA

Certamente, é uma espécie de coração do evangelho. Jesus tem se pronunciado e praticado essa ação ao longo de sua vida ministerial. Sua grandeza não está em, simplesmente, repetir o que dissera Santa Faustina em seu Diário, mas transportar todo aquele peso teológico para o cotidiano. Assim, a reflexão se transforma em vivência de espiritualidade prática.

Observamos, na maioria das vezes, uma repetição de práticas de espiritualidade que está cansando os cristãos-católicos. Isso acontece em todos os movimentos da Igreja. Os "devotos" não estão conseguindo "traduzir", em linguagem atual e pastoral, aquelas inspirações do passado. Cansar-se na espiritualidade é uma das piores inspirações.

Com isso, vamos perdendo o gosto, e a emoção fica desafeiçoada. Depois reclamamos que as pessoas estão cansadas de reproduzirem sempre o mesmo conteúdo. Temos observado um repetir-se constante de formas de espiritualidade de Santa Faustina. A questão do terço é uma delas. Rezar, convocar e insistir na comunidade sobre a necessidade da oração do terço é um peso demasiado e que não faz sentido.

As invocações (pela sua dolorosa Paixão, tende misericórdia de nós e do mundo inteiro. Deus Santo, Deus forte, Deus imortal, tende piedade de nós e do mundo inteiro) se tornaram tão rotineiras que as pessoas as usam para qualquer momento. Essa invocação é para a oração do terço e presencialmente!

Estamos em um novo tempo. As comunicações, o mundo virtual estão exigindo dos devotos, em todas as áreas, mais entusiasmo e atualização das mensagens propostas. Não significa que vamos abandonar conteúdos, mas os modos de nos posicionarmos diante da devoção. Inclusive, por não ser um artigo de fé.

O terço "ao vivo" pela internet, pelos canais de televisão católicos se torna estéril e sem vida. É um apelo que não faz sentido ao devocional. A devoção é uma questão de presença física na comunidade orante. Infelizmente, existe um interesse comercial por trás da maioria dos devocionais pelas mídias e redes sociais.

A falta de uma catequese específica, no trato com a devoção da santa, requer mais cuidado para não se trivializar a devoção. Certamente, precisamos de alguém que dê esse puxão de orelha nos "modernos" devotos.

Quando chegamos à paróquia, um grupo de cinco a dez pessoas se reuniu para rezar o terço da divina misericórdia todas as terças-feiras. Ao ser questionado, não gostou de uma intervenção, de modo que desistiu do terço.

Temos de aprender. Jesus não nos pede para rezarmos todos os dias ou em comunidade digital. Veja a indicação de Jesus à Irmã Faustina (cf. D. 474-476). Foi em um momento específico e em uma ocasião especial (cf.

foi "à noite, quando me encontrava em minha cela e, depois, na capela").

Santa Faustina é da modernidade. Suas mensagens retratam seu tempo. Mas onde Deus se encontrava naquele momento de sua história? O mundo e a humanidade sofriam com guerras, desrespeito, egoísmo, corrupção, inversão de valores, que geram, cada dia, cada vez mais, desconfiança, desespero, esvaziamento, violência.

Quando Santa Faustina estava em adoração, Jesus disse para ela:

> Minha filha querida, escreve estas palavras, que hoje meu coração descansou neste convento. Fala ao mundo de minha misericórdia, de meu amor. Consomem-me as chamas da misericórdia; desejo derramá-las sobre as almas humanas. Oh, que grande dor me causa quando não querem aceitá-las!... (D. 1074).

Em sua alma agitada, perguntou-se sobre o porquê de tanto sofrimento e abandono! Santa Faustina: "Oh! Como é grande a indiferença das almas com tanta bondade, com tantas provas de amor. (...) para tudo há tempo, apenas não há tempo para vir buscar minhas graças" (D. 367).

Em seu diário, Faustina escreveu como sendo as próprias palavras de Jesus: "As almas se perdem, apesar de minha amarga paixão. Estou lhes dando a última tábua de salvação [...]" (D. 965). Ou ainda, "A humanidade não encontrará paz enquanto não se voltar, com confiança, para minha misericórdia" (D. 300).

Em meio a tudo isso, o maior desafio está no resgate da confiança e da esperança no Deus, que jamais abandonou seus filhos, seu povo eleito. Assim, a mensagem e a devoção à Misericórdia Divina, conforme reveladas a Santa Faustina, para nossos tempos, atualiza-se como algo urgente para a humanidade. "Poderíamos dizer que a própria misericórdia é o grande grito de Deus pedindo que seu povo se volte com confiança para ele, para sua misericórdia" (Pe. Francisco Anchieta Cardoso de Muniz, MIC).

No dicionário dos significados, misericórdia é um sentimento de compaixão, despertado pela desgraça ou pela miséria alheia. A expressão misericórdia tem origem latina, é formada pela junção de *miserere* (ter compaixão) e *cordis* (coração). "Ter compaixão do coração" significa ter capacidade de sentir aquilo que a outra pessoa sente, aproximar seus sentimentos dos sentimentos de alguém, ser solidário com as pessoas.

A Bíblia diz que Deus é misericordioso. Ele vê a situação triste de cada pecador e sente misericórdia. Deus poderia nos abandonar em nossos pecados e, simplesmente, castigar-nos, mas ele "fica triste" por nos ver assim e quer nos ajudar. Ele mostrou sua misericórdia enviando Jesus para nos salvar (cf. Ef 2,3-5).

As aparições de Nosso Senhor a Santa Faustina ocorrem exatamente no momento em que se agravava a crise política, econômica, social e militar em diversas partes do mundo – haja vista que a queda da bolsa de valores de Nova Iorque se dera em 1929 (gerando uma queda vertiginosa no produto mundial) e que, exatamente na década de 30, se deu a ascensão de Hitler ao poder alemão (1933) e aconteceu o início da II Guerra Mundial, em 1939 (menos de um ano após a morte de Santa Faustina, que havia previsto o que iria acontecer).

4.1. As obras da misericórdia

Quais são as obras de misericórdia?
Vamos escanear as de Santa Faustina e até onde leva sua compreensão. Foi em suas aparições a Santa Faustina Kowalska que Jesus apresentou ao mundo a devoção da Misericórdia Divina, sua festa, a imagem, o terço. À religiosa polonesa o Senhor deixou também palavras que expressam essa imensa graça, as quais foram registradas por ela em seu Diário.

O culto à Misericórdia Divina é de tal espécie que, mais do que outra devoção, exige de nós a admoestação: "Se alguém afirmar: 'Eu amo a Deus', mas odiar seu irmão, é mentiroso, pois quem não ama seu irmão, a quem vê, não pode amar a Deus, a quem não vê" (Jo 4,20). Essa admoestação é de São João em sua primeira carta. Coerentemente, Jesus diz a Santa Faustina:

> Se por teu intermédio peço aos homens o culto a minha misericórdia, por tua vez deves ser a primeira a distinguir-te pela tua confiança em minha misericórdia. Estou exigindo de ti atos de misericórdia, que devem decorrer do amor para comigo. Deves mostrar-te misericordiosa com os outros, sempre e em qualquer lugar. Tu não podes te omitir, desculpar-te ou justificar-te (D. 742).

Na devoção à Misericórdia Divina, a prática das obras de misericórdia, quer corporal, quer espiritual, é fundamental e importante para a vivência da espiritualidade de Santa Faustina.

Sem a confiança na misericórdia e sem a prática das obras de misericórdia, pedidas por Jesus, não existe uma verdadeira devoção à misericórdia. Assim se revelou Jesus à Irmã Faustina:

> Eu te indico três maneiras de praticar a misericórdia para com o próximo: a primeira é a ação, a segunda, a palavra e a terceira, a oração. Nesses três graus repousa a plenitude da misericórdia, pois constituem uma prova irrefutável do amor por mim. É desse modo que a alma glorifica e honra minha misericórdia (D. 742).

Jesus pediu um esforço para que a Irmã se esmerasse na divulgação da misericórdia. "Escreve-o para muitas almas que, às vezes, se preocupam por não possuírem bens materiais, para com elas praticar a misericórdia... Tem um mérito muito maior a misericórdia do espírito, para a qual não é preciso ter autorização nem armazém e que é acessível a todos" (cf. D. 1317).

As obras corporais são desafiantes para este milênio. Observando a sociedade, as comunidades de Igreja, vai aparecendo a necessidade de uma investida nessa fonte de caridade social. Há a necessidade de uma nova leitura dessas obras que ficaram obsoletas, mas apareceram outras formas de carências que não são sutis aos olhos desatentos.

Existe, detrás dessas obras corporais, uma carência social muito grande. Uma leitura social vai tocar nesses pontos. O papa Francisco lembra:

> A vida cristã inclui a prática das tradicionais obras de misericórdia corporais e espirituais. "Estamos ha-

bituados a pensar nas obras de misericórdia uma a uma e enquanto ligadas a uma obra: hospitais para os doentes, sopa dos pobres para os famintos, abrigos para os que vivem pela estrada, escolas para quem precisa de instrução, o confessionário e a direção espiritual para quem necessita de conselho e perdão... Mas, se as olharmos em conjunto, a mensagem que daí resulta é que a misericórdia tem por objeto a própria vida humana em sua totalidade" [cf. Dia mundial de oração pelo cuidado da criação. 1.9.2016].

Obras corporais estão registradas segundo Catecismo de São Pio X (Catecismo de São Pio X. Capítulo IV. "Das obras de misericórdia" e Catecismo da Igreja Católica, 2447). São Mateus apresenta a narração do juízo final (cf. Mt 25,31-36):

1°. Dar de comer a quem tem fome.
2°. Dar de beber a quem tem sede.
3°. Vestir os sem roupa.
4°. Dar pousada aos peregrinos.
5°. Assistir os enfermos.
6°. Visitar os presos.
7°. Enterrar os mortos.

Retomando e observando este detalhe: *vestir os nus* (3), quanto desperdício na compra de roupas desnecessárias! Vê-se muita generosidade na doação de roupas e agasalhos. Isso é bom. Melhor se nos educássemos, como nos diz o Papa, para a "sobriedade feliz" (Laudato Si', 224), não sendo "consumistas desenfreados" (Laudato Si', 227).

Afinal, disse Jesus: "Por que vocês ficam preocupados com a roupa?" (Mt 7,28).

As *Obras espirituais* estão centradas em Jesus, pautam nossa própria vida de cristãos, todos os dias. O papa Francisco indicou as sete obras de misericórdia corporais e as sete obras de misericórdia espirituais como caminho concreto da vivência da misericórdia divina em nossa vida (cf. *Misericordiae Vultus*,15b).

1°. Dar bom conselho.
2°. Ensinar os ignorantes.
3°. Corrigir os que erram.
4°. Consolar os tristes.
5°. Perdoar as injúrias.
6°. Sofrer com paciência as fraquezas de nosso próximo.
7°. Rogar a Deus por vivos e defuntos.

Entre outros escritos, essa dupla dimensão material e espiritual das obras de misericórdia é expressa por Santo Agostinho por meio do binômio "dar e perdoar: dar dos bens que possuis e perdoar os males que sofres".

Uma lista definitiva das obras de misericórdia não é confirmada até o fim do primeiro milênio: provavelmente, só no século XII assistimos à fixação de uma lista bem definida de sete obras de misericórdia, chamadas corporais (seis do capítulo 25 de Mateus, mais a sepultura dos mortos referida no livro de Tobias (Tobias 1,16-18), à qual se somará – com certeza, pelo menos, a partir de Tomás de Aquino – a lista das sete obras de misericórdia espirituais. Com o septenário (número 7), a multiplicidade das obras de misericórdia fica, de certo modo, sintetizada e dotada de unidade (cf. Pe. Nuno Miguel Rodrigues, in *espiritanos.pt*).

4.2. O culto da Misericórdia Divina

"As almas que divulgam o culto de minha misericórdia, eu as defendo por toda a vida como uma terna mãe defende seu filhinho e, na hora da morte, não serei Juiz para elas, mas sim o Salvador Misericordioso. Nessa última hora, a alma nada tem para sua defesa, além de minha misericórdia. Feliz a alma que, durante a vida, mergulhou na fonte da misericórdia, porque não será atingida pela justiça" (D. 1075).

As formas de culto da Misericórdia Divina, transmitidas por meio de Irmã Faustina, são as seguintes (não precisam estar em ordem):
– a imagem de Jesus Misericordioso;
– o pequeno terço da Misericórdia Divina;
– a festa da misericórdia;
– a hora da misericórdia;
– a propagação da devoção à Misericórdia Divina;
– a ladainha.
A seguir, você confere seis formas de devoção à Misericórdia Divina indicadas por Jesus à Irmã Faustina. Elas têm o intuito de nos fazer permanecer constantemente na Misericórdia Divina, mergulhados, absorvidos pelo amor misericordioso de Deus.

1. A Imagem de Jesus misericordioso

Em 22 de fevereiro de 1931, Irmã Faustina teve uma visão de Jesus, vestido de túnica branca, com a mão direita levantada para abençoar, e a esquerda sobre o peito, de onde saíam um raio vermelho e outro branco. Disse-lhe Jesus: "Pinta uma imagem de acordo com o modelo que estás vendo, com a inscrição: Jesus, eu confio em vós. Prometo também, já aqui na terra, a vitória sobre os inimigos e, especialmente, na hora da morte. Eu mesmo a defenderei como minha própria glória" (D. 47).

E em outro momento, Jesus lhe disse: "Ofereço aos homens um vaso, com o qual devem vir buscar graças na fonte da misericórdia. O vaso é a imagem com a inscrição: Jesus, eu confio em vós" (D. 327) e seriam essas três palavras que deveriam ser salientadas.

Santa Faustina perguntou o significado dos raios da imagem. Jesus respondeu dando o entendimento e a explicação da visão: "O raio pálido significa a água que justifica as almas; o raio vermelho significa o sangue, que é a vida das almas" (D. 299).

Em decorrência a essa visão, a prática é de se venerar o quadro-pintura-imagem do Jesus misericordioso. O mais instigante seria a necessidade de se ter um quadro compatível ao revelado a Santa Faustina. Temos visto quadros muito primários e sem qualidade artística para a prática devocional. Alguns são tão exagerados que, certamente, fugiria a toda realidade revelada a santa.

Sugerimos àqueles que irão iniciar a experiência fizessem um estudo a respeito da imagem-quadro a ser usado no devocional. Na maioria das vezes, as pessoas não se esmeram em possuir um quadro com qualidade artística para a oração.

2. A festa da misericórdia

O Diário de Santa Faustina revela que essa festa é um desejo de Jesus:

> Desejo que a festa da misericórdia seja refúgio e abrigo para todas as almas, especialmente, para os pecadores. Neste dia, estão abertas as entranhas de minha misericórdia. Derramo todo um mar de graças sobre as almas que se aproximam da fonte de minha misericórdia. A alma que se confessar e comungar alcançará o perdão de suas culpas e das penas (D. 699).

Acrescentando: "As almas se perdem, apesar de minha amarga paixão. Estou lhes dando a última tábua de salvação, isto é, a festa de Minha Misericórdia. Se não venerarem minha misericórdia, perecerão por toda a eternidade" (D. 965).

A Festa da Misericórdia é um dos meios mais importantes da devoção à Divina Misericórdia presentes nas revelações de Nosso Senhor a Santa Faustina. No Diário, o tema recorre em 37 números, em 16 dos quais nos deparamos com uma manifestação extraordinária de Jesus a seu respeito. Com efeito, aos 22.2.1931, uma das primeiras revelações de Jesus a ela diz respeito à festa da Misericórdia, que deveria ser celebrada no 2º domingo da Páscoa:

Eu desejo que haja a festa da Misericórdia. Quero que essa imagem, que pintarás com o pincel, seja benta solenemente no primeiro domingo depois da Páscoa, e esse domingo deve ser a festa da Misericórdia (Diário, 49; cf. 88; 280; 299b; 458; 742; 1048; 1517, in site da Instituição).

Fica patente, no Diário, que existe uma relação muito estreita entre a festa da Misericórdia e a veneração do quadro; proclamação da Misericórdia Divina; confiança nesta Misericórdia Divina; participação nos sacramentos (Eucaristia e Confissão) e remissão dos pecados (culpas e penas), conferir: Diário n. 1109. E sua devida preparação (D. 965; cf. 998). Aqui a fala de Jesus a Faustina tem um tom escatológico "... porque está próximo o dia terrível, o dia de minha justiça".

As reclamações que ouvimos de párocos e agentes é de que a festa se inicia em uma Sexta-feira Santa, enquanto a comunidade está focada na paixão de Jesus; por outro lado, esse é o caminho para se promover a festa da misericórdia. As paróquias acabam se adaptando a essa realidade devocional.

3. A novena à misericórdia

Nem precisamos alertar que a novena deve ser feita com confiança. Toda novena sempre será feita na esperança de se alcançar as graças necessárias à devoção. O que nunca deveria ocorrer é "viciar-se" em novenas. Existem pessoas que não deixam passar uma novena sequer; fazem todas que aparecem.

Cada dia da novena se inicia com uma intenção particular, proposta pelo próprio Senhor. Santa Faustina acatou as intenções propostas e compôs uma série de pequenas orações.

Jesus disse: "Desejo que, durante estes nove dias, conduzas as almas à fonte de minha misericórdia, a fim de que recebam força, alívio e todas as graças de que necessitam (...) Cada dia, conduzirás a meu coração um grupo diferente de almas e as mergulharás nesse oceano de minha misericórdia" (D. 1209; cf. 186, 699).

Assim se manifestou Jesus à Irmã Faustina:

> Desejo que a festa da Misericórdia seja refúgio e abrigo para todas as almas, especialmente para os pobres pecadores. (...) Derramo todo um mar de graças sobre aquelas almas que se aproximarem da fonte da Minha misericórdia. A alma que se confessar e comungar alcançará o perdão das culpas e das penas. Nesse dia, estão abertas todas as comportas divinas, pelas quais fluem as graças. Que nenhuma alma tenha medo de se aproximar de mim, ainda que seus pecados sejam como o escarlate (D. 699).

Embora seu Diário não contemple uma sequência de fatos com capítulos, títulos etc, há uma sequência de fatos narrados, e o leitor deve ficar atento às manifestações de Jesus. Por exemplo: no dia 1.8.1937 (cf. n. 1204), ela narrou que estava em retiro, sofrendo e em profunda aridez; que havia começado uma novena a Nossa Senhora da Assunção (cf. n. 1206); em seguida narrou sua volta de Cracóvia (cf. n. 1207).

A novena à Misericórdia Divina, que Jesus lhe mandou escrever e fazer antes da Festa da Misericórdia, começa na Sexta-feira Santa. Assim anotou em seu Diário:

> Desejo que, durante estes nove dias, conduzas as almas à fonte de Minha misericórdia, a fim de que recebam força, alívio e todas as graças de que precisam nas dificuldades da vida e, especialmente, na hora da morte. Cada dia conduzirás a meu Coração um grupo diferente de almas e as mergulharás nesse oceano de minha misericórdia. Eu conduzirei todas essas almas à casa de meu Pai. Procederás assim nesta vida e na futura. Por minha parte, nada negarei àquelas que tu conduzirás à fonte de minha misericórdia. Cada dia pedirás a meu Pai, pela minha amarga Paixão, graças para essas almas (D. 1209).

Jesus lhe pediu uma novena escrita e rezada (D. 1209a). Ela então reclamou com Jesus que não sabia como fazer e recebeu dele a anuência que lhe ditaria a novena. E assim está registrado em seu Diário.

As intenções e invocações para a novena estão no Diário, de 1210 a 1229. Para cada dia, um belo texto de meditação e de revelação de Nosso Senhor. Valeria muito a pena seguir por esse caminho, embora bastante longo!

4. O terço da misericórdia

> O Senhor me disse para rezar este terço [da Misericórdia Divina] durante nove dias, antes da festa da Misericórdia. Devo começá-lo na Sexta-feira Santa.

Por meio desta novena, concederei às almas toda a espécie de graças (D. 796).

Trata-se de outra forma de devoção ensinada por Jesus a Santa Faustina. Esse terço foi ditado pelo próprio Nosso Senhor Jesus Cristo a ela, em setembro de 1935, como uma forma de reparação dos pecados cometidos por toda a humanidade (D. 474).
O Senhor lhe disse:

> Essa oração serve para aplacar minha ira. Tu a recitarás por nove dias, por meio do terço do Rosário, da seguinte maneira: primeiro dirás o "Pai-Nosso", a "Ave-Maria" e o "Credo". Depois, nas contas de Pai-Nosso, dirás as seguintes palavras: "Eterno Pai, eu vos ofereço o Corpo e o Sangue, a Alma e a Divindade de vosso diletíssimo Filho, Nosso Senhor Jesus Cristo, em expiação dos nossos pecados e os do mundo inteiro". Nas contas de Ave-Maria, rezarás as seguintes palavras: "Pela sua dolorosa Paixão, tende misericórdia de nós e do mundo inteiro". No fim, rezarás três vezes estas palavras: "Deus santo, Deus forte, Deus imortal, tende piedade de nós e do mundo inteiro" (D. 474 a 476).

O terço da Misericórdia Divina é uma tradicional devoção católica, concebida a partir das iluminações dadas à Irmã Faustina na década de 1930. O principal propósito dessa oração é fortalecer nossa confiança na misericórdia de Deus e reforçar em nós esse mesmo sentimento para com nossos irmãos.[6]

---

[6] Gasques, J., *Devocional do Terço*, Loyola Edição, 3ª edição ampliada 2020. 109 páginas. Consta a história da oração do terço e, nas páginas 65-66, o terço da misericórdia. O terço

O terço é uma recitação de jaculatórias de forma repetitiva. Por trás desse tipo de oração repetitiva, estava o clamor pelo mundo em agonia devido à proximidade da Segunda Guerra e do sistema político na Polônia.

A oração do terço não tem cunho pessoal, mas comunitário e social. Talvez seja isso que deveríamos aprender ao rezarmos o terço da misericórdia. Infelizmente, os devocionais ganham uma característica muito particular, pessoal, individual e cada um deseja rezar para si e por suas intenções.

Observem as expressões que aparecem, que estão quase sempre no plural: "... em expiação dos nossos pecados e os do mundo inteiro". O desejo expresso de Jesus abrange a humanidade inteira, que deve ser salva. Ela mesma disse que começou a "suplicar a Deus pelo mundo" (D. 474).

A expressão "Corpo e o Sangue, a Alma e a Divindade" de Jesus é uma expressão da intenção da fórmula do Concílio de Trento ao se tratar da Eucaristia (883. Cân. L): "Se alguém negar que no Santíssimo Sacramento da Eucaristia está contido verdadeiro, real e substancialmente o corpo e sangue juntamente com a alma e divindade de Nosso Senhor Jesus Cristo, e, por conseguinte, o Cristo todo, e disser que somente está nele como sinal, figura ou virtude, seja excomungado" [cf. n. 874 e 876].[7]

---

foi ditado por Jesus nos dias 13-14 de setembro de 1935, "como uma oração para aplacar a ira divina e pedir perdão pelos nossos pecados e pelos pecados do mundo inteiro" (p. 65).

[7] Cf. Decreto sobre a *Santíssima Eucaristia*. Sessão XIII (11-10-1551). Apenas como apêndice, para entender seu modo de narrar a Eucaristia. O Concílio Vaticano II a coloca de modo mais próximo no Documento *Dei Verbum* e na Encíclica *Ecclesia de Eucharistia* - "João Paulo II - "A Eucaristia... está colocada no centro da vida eclesial" (n. 3); e ainda: "A Eucaristia é o centro e o vértice da vida da Igreja" (n. 31). Isto significa que "a Eucaristia edifica a Igreja e [que] a Igreja faz a Eucaristia" (n. 26).

A promessa do Senhor: "As almas que rezarem esse terço serão envolvidas pela minha misericórdia, durante sua vida e, de modo particular, na hora da morte" (D. 754). "Oh! Que grandes graças concederei às almas que recitarem este terço. As entranhas de minha misericórdia comovem-se por aqueles que recitam este terço" (D. 848); "Minha filha, exorta as almas a rezarem esse terço que te dei. Pela recitação deste terço agrada-me dar tudo o que me peçam" (D. 1541); "se estiver conforme a sua vontade" (D. 1731).

Jesus prometeu particular socorro ao agonizante pelo qual rezamos:

> Defendo toda alma que recitar esse terço na hora da morte, como se fosse minha própria glória, ou quando outros o recitarem junto a um agonizante, eles conseguirão a mesma indulgência. Quando recitam esse terço junto a um agonizante, aplaca-se a ira de Deus, a misericórdia insondável envolve a alma e abrem-se as entranhas de minha misericórdia, movidas pela dolorosa paixão de meu Filho (D. 811; cf. 810; 834; 1035; 1036; 1541; 1565; 1797).

O terço da Misericórdia Divina pode ser um grande momento de espiritualidade junto às famílias enlutadas, nas capelas dos hospitais, nos momentos de dificuldades, quando a família se encontrar impedida de uma solução. A juventude pode ter esse momento de espiritualidade na comunidade.

5. A hora da misericórdia

A forma de culto à Misericórdia Divina é a recordação da hora em que se deu a morte redentora na cruz, hora em que, do coração de Cristo, jorraram sangue e água como fonte de misericórdia para nós.

Em 1933, Deus ofereceu à Irmã Faustina uma impressionante visão de sua misericórdia. A Irmã nos conta que, depois da ladainha, teve essa visão: "Vi uma grande claridade e, no meio dela, Deus Pai. Entre essa claridade e a terra, vi Jesus pregado na cruz e de tal maneira que Deus, querendo olhar para a terra, tinha de olhar pelas chagas de Jesus. E compreendi que por Jesus Deus abençoava a terra" (D. 60).

Jesus disse à Irmã Faustina, em outra visão, que foi se somando e ampliando sua compreensão e missão:

> Às três horas da tarde, implora a minha Misericórdia especialmente pelos pecadores e, ao menos por um breve tempo, reflete sobre minha paixão, especialmente sobre o abandono em que me encontrei no momento da agonia. Esta é a hora de grande misericórdia para o mundo inteiro. Permitirei que penetres em minha tristeza mortal. Nessa hora nada negarei à alma que me pedir pela minha paixão (D. 1320).

Seguiu-se a isso um belo poema em saudação ao coração misericordiosíssimo de Jesus e finalizou o caderno IV. Em geral, seus cadernos são iniciados e terminados com um poema! E seguem as promessas... "Nessa hora nada negarei à alma que me pedir em nome de minha paixão." "São poucas as almas que contemplam minha paixão com um verdadeiro afeto. Concedo as graças mais abundantes às almas que meditam piedosamente sobre minha paixão" (D. 737). Depois de um pequeno (grande) dissabor a respeito do que se dizia de sua pessoa, ela foi confortada por Jesus de forma terna e serena. Ouviu estas palavras:

> Lembro-te, minha filha, que todas as vezes que ouvires o bater do relógio, às três horas da tarde, deves mergulhar toda em minha misericórdia, adorando-a e glorificando-a. Invoca sua onipotência em favor do mundo inteiro e especialmente dos pobres pecadores, porque nesse momento ela está largamente aberta para cada alma. Nessa hora, conseguirás tudo para ti e para os outros. Nessa hora, realizou-se a graça para todo o mundo: a misericórdia venceu a justiça. Minha filha, procura rezar, nessa hora, a Via-sacra, à medida que te permitirem teus deveres e, se não puderes fazer a Via-Sacra, entra, ao menos por um momento, na capela e adora a meu coração, que está cheio de misericórdia no Santíssimo Sacramento. Se não puderes sequer ir à capela, recolhe-te em oração onde estiveres, ainda que seja por um breve momento (D. 1572).

Nesse ínterim, registrou seu diálogo com Deus misericordioso na relação de uma alma perfeita. O diálogo se estende entre a alma (Faustina) e Jesus. Lindos propósitos de uma alma encantada por Jesus.

> Jesus, existe mais um mistério em minha vida – o mais profundo, mas também o mais amoroso – que sois vós mesmo, quando, sob a espécie do Pão, vinde a meu coração. Aí está todo o mistério de minha santidade. Ali meu coração, unido com o vosso, torna-se um só,

e aí já não existe nenhum mistério, porque tudo o que é vosso é meu, e tudo o que é meu é vosso (D. 1489).

Jesus lhe indicou uma pequena oração em forma de jaculatória: "Ó sangue e água que jorrastes do coração de Jesus como fonte de misericórdia para nós, eu confio em vós" (D. 187), e estabeleceu três condições indispensáveis para atender às orações feitas na hora da misericórdia:
– a oração deve ser dirigida a Jesus;
– deve ter lugar às três horas da tarde;
– deve apelar ao valor e aos méritos da Paixão do Senhor.

6. A ladainha

"O amor de Deus é a flor, e a misericórdia o fruto. Que a alma que desconfia leia estes louvores da misericórdia e torne-se confiante" (D. 949). A ladainha, neste caso, é uma forma de exaltação ou "louvores" à Misericórdia Divina.

A ladainha, também chamada de litania, é uma súplica ou louvor que se repete durante uma oração. Durante os séculos, foram se compondo ladainhas em louvor a Deus, aos santos e à Virgem Maria.

De maneira oficial, foi o Papa Leão XIII quem prescreveu a incorporação das ladainhas após a oração do Rosário durante a liturgia. "A Ladainha a Nossa Senhora foi aprovada oficialmente pelo papa Clemente VIII em 1601" (Pe. Camilo, *A12 Redação*).

Santa Faustina apresentou 35 características/louvores da misericórdia de Deus e terminou a ladainha com essa oração:

Ó Deus eterno, em quem a misericórdia é insondável e o tesouro da compaixão é inesgotável, olhai propício para nós e multiplicai em nós vossa misericórdia, para que não desesperemos nos momentos difíceis, nem esmoreçamos, mas nos submetamos com grande confiança a vossa santa vontade, que é amor e a própria misericórdia (D. 950).

Os "louvores da misericórdia", como se referiu Santa Faustina, fogem do esquema normal das conhecidas ladainhas a Nossa Senhora e/ou aos santos em geral. Trazem um esquema diferente e próprio. Por seis vezes, há a repetição "eu confio em vós", depois se muda, radicalmente, a forma de concluir e de se louvar a Misericórdia Divina.

Termina, acertadamente, com um poema de louvor:

"Ó misericórdia divina, insondável e inesgotável,
Quem vos poderá venerar e glorificar dignamente?
Atributo máximo de Deus onipotente,
Sois a doce esperança para o homem pecador" (D. 951).

Termina com uma espécie de cântico às criaturas (estrela, terra e mar); há um apelo à unidade hinótica e um canto à Misericórdia Divina, que, por sinal, está anotado em minúsculo!

4.3. Pode-se imaginar uma pastoral da misericórdia?

Não estamos propondo algo novo na caminhada da Igreja. João Paulo II já, previamente, alertara sobre isso em sua Encíclica *Dives in Misericordia*, ao afirmar que a Igreja vive uma vida verdadeira quando professa e proclama a misericórdia, como o mais belo atributo do Criador (cf. DM, 77).

A Igreja torna-se um verdadeiro "hospital de campanha", sendo essa uma expressão de profundo caráter profético do papa Francisco, usada na obra "O nome de Deus é Misericórdia", em que ainda afirma a necessidade de sermos uma Igreja que aquece o coração das pessoas pela proximidade (entrevista concedida ao vaticanista Andrea Tornielli, em que o papa Francisco explica melhor o ano da misericórdia, que teve início no dia 8 de dezembro de 2015, Editora Planeta, p. 25).

A busca do "Ser Igreja em Saída" aproxima as pessoas do seio eclesial, faz emergir a chamada Fraternidade Universal, expressão tão cara em sua Encíclica *Fratelii Tutii* (3.10.2020). (O capítulo VIII - as religiões a serviço da fraternidade no mundo.)

A fraternidade universal estabelece esse laço amical, e a mensagem da salvação chega a todos, sem exceção; não há excluídos ou esquecidos, pois cada pessoa sente-se incluída, lembrada e exclusiva receptora da Palavra, que cura suas feridas mais profundas.

Toda a ação pastoral da Igreja precisa estar envolvida com o testemunho e anúncio da misericórdia, de modo que fique evidente que a Misericórdia Divina é uma força que ressuscita para uma nova vida, infunde o olhar para o futuro com esperança, está interessada pela vida de cada pessoa e faz caminhada com cada uma.

A "pastoral da misericórdia" deve estar com os pés fincados na ação e na oração vinculante da ação. "É pela oração que a alma se arma para toda espécie de combate. Em qualquer estado em que se encontre, a alma deve rezar. Tem de rezar a alma pura e bela, porque de outra forma perderia sua beleza; deve rezar a alma que está buscando essa pureza, porque de outra forma não a atingiria; deve rezar a alma recém-convertida, porque de outra forma cairia novamente; deve rezar a alma pecadora, atolada em pecados, para que possa levantar-se..." (D. 146).

Com a perspicácia dos sinais dos tempos, o papa Francisco convida a Igreja a redescobrir as Obras de Misericórdia, sejam elas corporais, sejam espirituais, de modo a acordar a consciência que, muitas vezes, está adormecida perante o drama da pobreza e da miséria humana, afirmando que a Misericórdia Divina é o coração do Evangelho, em que os pobres são os privilegiados (cf. *Misericordiae Vultus*, 15).

A "pastoral da misericórdia", lembra-nos o mestrando Luiz Carlos Barbosa Junior, nasce, portanto, do apelo da humanidade, desse pedido de socorro que a sociedade está a fazer de diversas formas; a Igreja deseja ser essa resposta para tantos que a procuram e também para aqueles que, mesmo não a procurando, por serem filhos de Deus, estão sob os cuidados da Mãe Igreja (cf. *rodapé*, 5).

Estamos a imaginar uma pastoral da acolhida como promotora da misericórdia. As pessoas das comunidades precisam de acolhimento, com quem conversar e, muitas vezes, não encontram o pároco para o diálogo; infelizmente, convencionou-se marcar horário de atendimento paroquial. Estamos burocratizando o atendimento como se fôssemos um escritório qualquer de atendimento à saúde ou algo parecido.[8]

Santa Faustina nos fez dar passos em busca de conceitos e de propostas. A "pastoral da misericórdia" encontra em São Francisco de Assis, que, ao receber o forte chamado de Cristo na Igreja de São Damião, sentiu profundamente a misericórdia de Deus, a afirmação: "É isto que eu quero, é isto que eu procuro e desejo de todo o coração!" (São Francisco de Assis). Sabemos, ainda, que, mais adiante, completou essa frase, dizendo: "O amor não é amado, é preciso voltar a Jesus o amor que eu quero amar" (São Francisco de Assis). Sabia, perfeitamente, que Deus estava no rosto clamante do leproso que encontrou em Assis, pois Deus tem um rosto no sofredor, no pobre, no leproso, na dor dos que pedem o amor.

Pensamento bíblico: "Portanto sabei que o Senhor, vosso Deus, ele é Deus, o Deus fiel, que guarda a aliança e a misericórdia por mil gerações com aqueles que o amam e guardam seus mandamentos" (Dt 7,9).

---

[8] Gasques, J., *Diaconia do Acolhimento* – desafio à liturgia e à pastoral na cidade. Paulus Editora, 2020, com edição ampliada, 130 páginas. Incentivamos a criação de equipes de acolhimento e de atendimento personalizado na comunidade paroquial e ressaltamos a importância do pároco no atendimento diário da comunidade.

5. A DEVOÇÃO PARA COM A MISERICÓRDIA

A palavra latina "misericórdia", de acordo com seu sentido original, significa ter o coração (*cor*) voltado para os pobres (*miseri*), estando em comunhão com eles. Segundo o grande cardeal e teólogo católico Walter Kasper, é o mesmo que "sentir afeto pelos pobres", "amar os pobres".

Abaixo vemos pontos fundamentais que Jesus pediu a Santa Faustina e a todos os que desejam viver sob a graça da devoção à Misericórdia Divina. Esses textos foram retirados do Diário de Santa Faustina; depois, completemo-los com a Bíblia.

Vamos ler alguns acenos a essa devoção, com frases soltas entre as revelações. Se o leitor desejar, poderá ler o texto completo.

– "... Fala ao mundo de minha misericórdia, que toda a humanidade conheça minha insondável misericórdia. Este é o sinal para os últimos tempos; depois dele virá o dia da justiça. Enquanto é tempo, recorram à fonte de minha misericórdia" (D. 848).

– "... Fala às almas desta minha grande misericórdia, porque está perto o dia terrível, o dia de minha justiça" (D. 965).

– "... Prolongo-lhes o tempo da misericórdia, mas ai deles, se não reconhecerem o tempo de minha visita..." (D. 1160).

– "... Antes do dia da justiça envio o dia da misericórdia..." (D. 1588).

– "... Quem não quiser passar pela porta de misericórdia, terá de passar pela porta de minha justiça..." (D. 1146).

A mensagem de Santa Faustina trouxe novas formas de devoção à Misericórdia Divina. Sua essência é a atitude de confiança com Deus e de misericórdia para com o próximo. São os dois nós desse laço.

Nessa devoção, a confiança é entendida como uma atitude interior em relação a Deus, que se exprime no cumprimento de sua vontade. Tal atitude é composta de várias virtudes, sendo as mais importantes: a fé, a esperança e o amor, bem como a humildade e a contrição. São outros adereços desse laço de misericórdia.

Nada melhor que buscar nela o que possamos acreditar e praticar no devocional. Alguns ficam acrescentando "subsídios" no devocional. Existe aquilo que é básico, fixo e ordenado à devoção. A devoção à Misericórdia Divina iniciou-se com as revelações de Jesus a Santa Faustina Kowalska, religiosa polonesa, que viveu entre 1905 e 1938. As informações da devoção estão registradas em seu "Diário", escrito a pedido de Jesus.

As outras cinco formas já foram apresentadas mais atrás: a imagem de Jesus misericordioso, a festa da misericórdia, a novena da misericórdia, o terço da misericórdia e a hora da misericórdia. Aqui trazemos outros detalhes.[9]

---

[9] Cf. *www.acidigital.com/noticias/5-pontos-essenciais-da-devocao-a-divina misericordia*

1. Apresentar-se à Misericórdia Divina

Estar diante e debaixo da misericórdia de Deus. Um belo modo de se colocar diante do infinito oceano de misericórdia. Certamente que, aqui, está em carência uma boa dose de espiritualidade. A misericórdia não é algo solto, mas algo que devemos buscar na caminhada espiritual do cristão. Já, inclusive, acenamos para a "pastoral da misericórdia" como uma motivação a mais, tendo a acolhida como sinônimo de vivência pastoral.

O que é a Divina Misericórdia? É uma devoção que surgiu ainda no século XX, mais, especificamente, na Polônia – entre os anos 1930 e 1938 –, por meio da experiência vivida por uma religiosa chamada Irmã Faustina – hoje Santa Faustina.

Irmã Faustina era uma simples religiosa, sem instrução, mas valorosa e de uma confiança sem limites em Deus; Jesus Cristo confiou a grande missão: a mensagem da Misericórdia dirigida ao mundo inteiro. Certamente foi uma afeição de Deus.

"Hoje, estou enviando-te — disse — a toda a humanidade com minha misericórdia. Não quero castigar a sofrida humanidade, mas desejo curá-la estreitando-a a meu misericordioso Coração" (D. 1588).

Enquanto devoção, refere-se a uma forma contemporânea de falar e experimentar o amor misericordioso de Deus para com a humanidade. De um ponto de vista do Diário de Santa Faustina, podemos dizer que é: "[...] a transmissão de nova forma do culto da Misericórdia Divina, cuja prática haverá de conduzir à renovação da vida cristã em espírito de confiança e misericórdia" (cf.

D. 1567, 1588, 1605). Curiosamente, nesse momento, Irmã Faustina pede a Jesus que abençoe sua caneta...

Santa Faustina: "Ainda que o pecador seja o mais endurecido, se recitar este terço uma só vez, alcançará a graça de minha infinita misericórdia. Desejo conceder graças inconcebíveis às almas que confiam em minha misericórdia" (D. 687). "... Que se aproximem deste mar de misericórdia com grande confiança. Os pecadores alcançarão justificação, e os justos serão confirmados no bem. O que confiou em minha misericórdia, derramarei na hora da morte minha divina paz em sua alma" (D. 1520, cf. 699).

E mais foi revelado: "As almas que rezarem este terço serão envolvidas pela minha misericórdia, durante sua vida..." (D 754); "Oh! Que grandes graças concederei às almas que recitarem este terço. As entranhas de minha misericórdia comovem-se por aqueles que recitam este terço" (D 848); "Minha filha, exorta as almas a rezarem esse terço que te dei. Pela recitação deste terço agrada-me dar tudo o que me peçam" (D 1541), se estiver conforme a sua vontade (D 1731).

A missão da irmã Faustina consistiu na recordação de uma verdade de fé, desde há séculos conhecida, embora bastante esquecida: o amor misericordioso de Deus para com o homem, e a transmissão de novas formas do culto à Misericórdia Divina, cuja prática haverá de conduzir à renovação da vida cristã em espírito de confiança e misericórdia (cf. *misericórdia.org.br*).

Qual é a mensagem da Misericórdia Divina? As aparições de Nosso Senhor a Santa Faustina ocorrem exatamente no momento em que se agravava a crise política, econômica, social e humanitária em diversas partes do mundo. Ela é, portanto, muito atual.

De 1931 a 1938, o próprio Jesus quis se revelar a uma humilde religiosa polonesa, Santa Faustina Kowalska, recordando-lhe, por meio de visões e locuções, a centralidade do mistério do amor misericordioso de Deus para com o mundo e a humanidade, especialmente com os pecadores, sofredores e agonizantes.

Jesus mostrou também qual deveria ser a resposta de cada ser humano a tão grande generosidade, a qual incluía algumas novas formas de culto e devoção.

Nas Sagradas Escrituras, por exemplo, em Êx 34,4-7, Moisés descobre que o Deus de Abraão, Isaac e Jacó é clemente e misericordioso; em Sl 136, o povo de Deus canta sem cessar a misericórdia do Senhor; em Os 11,8, os profetas recordam que o coração paterno de Deus se "contorce" por seus filhos; em Eclo 18,13, a verdadeira sabedoria nos faz descobrir que a misericórdia divina envolve todos os seres humanos. Tito lembra: "Não por causa de atos de justiça por nós praticados, mas devido a sua misericórdia, ele nos salvou pelo lavar regenerador e renovador do Espírito Santo" (Tt 3,5). Pode-se ler o Salmo 136,1-14.

2. A confiança é a essência desta devoção

A condição para receber graças é confiar no Senhor, que jamais falta e falha com seus eleitos. João lembra: "Esta é a confiança que temos ao nos aproximarmos de Deus: se pedirmos alguma coisa de acordo com a vontade de Deus, ele nos ouvirá" (1Jo 5,14). O livro de Provérbios ressalta: "Confie no Senhor de todo o seu coração e não se apoie em seu próprio entendimento; reconheça o Senhor em todos os seus caminhos, e ele endireitará suas veredas" (Pr 3,5-6).

Veja o belo pensamento de Davi: "Alguns confiam em carros, e outros em cavalos, mas nós confiamos no nome do Senhor, nosso Deus. Eles vacilam e caem, mas nós nos erguemos e estamos firmes" (Sl 20,8-9). A segurança não reside em força alheia, militar, poupança, dinheiro, prestígio, mas na presença do Senhor.

Muitas vezes caímos no erro de pôr toda a nossa confiança em outras coisas materiais ou simbólicas, como a riqueza, o trabalho, o poder ou a força humana. Mas essas coisas falham. Não servem como bom alicerce para nossa vida. Deus é diferente. Ele é nossa força na fraqueza e nunca nos abandona na hora da necessidade.

Nesse sentido, esta é uma reflexão que o papa Francisco tem nos convidado a fazer constantemente, por meio de suas orações: "O homem que confia em si mesmo, nas próprias riquezas ou ideologias está destinado à infelicidade. Quem confia no Senhor, em vez disso, dá frutos mesmo em tempos de seca".

O profeta Jeremias tem uma bela reflexão sobre a confiança no Senhor: "Mas eu abençoarei aquele que confia em mim, aquele que tem fé em mim, o Senhor. Ele é como a árvore plantada perto da água, que espalha suas raízes até o ribeirão. Quando vem o calor, ela não tem medo, pois suas folhas ficam sempre verdes. Quando não chove, ela não se preocupa; continua dando frutas" (Jr 17,7-8).

Santa Faustina: "As graças de minha misericórdia colhem-se com o único vaso, que é a confiança. Quanto mais a alma confia, tanto mais receberá. Grande consolo me dão as almas de ilimitada confiança, porque, em almas, assim derramo todos os tesouros de minhas graças. Alegro-me por pedirem muito, porque meu desejo é dar muito, muito mesmo. Fico triste, entretanto, quando as almas pedem pouco, quando estreitam seus corações" (D. 1578).

3. Atitude de misericórdia a quem precisa

Muitos caminham alquebrados! Muitas pessoas têm tantos problemas que despertam compaixão. Aqueles que são supersticiosos atribuem essa situação ao "destino" cruel; outros dizem que é uma sina! São pessoas perdidas e necessitam de um encontro consigo, com o próximo e com Deus.

Existem pessoas que são tóxicas. Não faz bem se aproximar delas. Ao longo da vida, estabelecemos relações sociais em diferentes esferas, seja na família, com colegas de estudo ou trabalho, ou até mesmo com aqueles com quem tivemos relações sentimentais, que se encerraram sem rancores. São muitas as pessoas com quem cruzamos em nossa vida, para compartilharmos épocas ou momentos, mas sabemos que elas não irão nos acompanhar para sempre (Silvia C. Carpallo).

No curso da vida, vamos acumulando amizades que não nos fazem bem, que mais atrapalham do que contribuem com nosso crescimento: pessoas vitimistas; caras de pau e não têm vergonha de continuarem enganando; aquelas que só nos telefonam para contar-nos a última besteira que fulano ou sicrano fez; as que sempre estão com má intenção; as que são manipuladoras; as que só se preocupam consigo; e as pessimistas que só sabem ver as dificuldades do que poderia ser feito.

Santa Faustina ouviu de Jesus:

> Estou exigindo de ti obras de misericórdia, que devem decorrer do amor para mim. Deves mostrar-te misericordiosa com os outros, sempre e em qualquer lugar. Tu não podes te omitir, desculpar-te ou justificar-te. Eu te indico três maneiras de praticar a misericórdia para com o próximo: a primeira é a ação; a segunda a palavra; e a terceira, a oração. Nesses três graus, repousa a plenitude da misericórdia, pois eles constituem uma prova indefectível do amor a mim. Desse modo a alma glorifica e honra minha misericórdia (D. 742).

4. O amor ao próximo: condição para receber graças

Jesus sempre fez um alerta. "Ame o Senhor, seu Deus de todo o seu coração, de toda a sua alma e de todo o seu entendimento. Esse é o primeiro e maior mandamento. E o segundo é semelhante a ele: 'Ame seu próximo como a si mesmo'" (Mt 22,37-39). Amar e amar sempre. Amor ao próximo é ajudar o outro sem desejar nada em troca, é um ato de compaixão e empatia, sem se deixar levar pelo orgulho. Nada fácil...

Jesus ensinou: "Vocês ouviram o que foi dito: 'Ame seu próximo e odeie seu inimigo'. Mas eu digo: 'Ame seus inimigos e ore por aqueles que o perseguem'" (Mt 5,43-44). A Bíblia nos ensina a amar o próximo e também a amar nossos inimigos, provavelmente, porque eles em geral são as mesmas pessoas" (G. K. Chesterton).

O conselho de João: "Amados, amemo-nos uns aos outros, pois o amor procede de Deus. Aquele que ama é nascido de Deus e conhece a Deus. Quem não ama não conhece a Deus, porque Deus é amor" (1Jo 4,7-8).

Jesus disse a Santa Faustina: "Se a alma não praticar a misericórdia de um ou outro modo, não alcançará minha misericórdia no dia do juízo. Oh, se as almas soubessem armazenar os tesouros eternos, não seriam julgadas, antecipando meu julgamento com as obras de misericórdia" (D. 1317).

5. Praticar a misericórdia todos os dias

A misericórdia não é um ato solitário, isolado e raro. A maioria das pessoas imagina que a misericórdia deva ser praticada, apenas, no tempo da Quaresma. Ela é um exercício que devemos aprender a fazer todos os dias, pois sempre é dia de misericórdia. Praticá-la também cansa! Somente uma mística dará vigor a esse ato de caridade constante.

Misericórdia significa, basicamente, um sentimento de compaixão e piedade. É uma palavra muito utilizada em vários contextos diferentes, o que torna seu conceito muito amplo. Diante disso, muitas vezes, acaba sendo até difícil definir o que ela significa.

O mundo está plasmado de atos que contrariam a natureza humana. Não é fácil entender a misericórdia na Bíblia. Vejamos algumas verdades que são facilmente compreensíveis:

– Nosso Deus é misericordioso, ele é o "Pai de misericórdia" (2Cor 1,3; Êx 34,6; Ne 9,17; Sl 86,15; 103,8-14; Jn 4,2).

– As misericórdias do Senhor são sobre todas as suas obras (Sl 145,9).

– Os misericordiosos serão bem-aventurados, pois também receberão misericórdia (Mt 5,7).

– A misericórdia de Deus é fundamental para hoje sermos salvos, pois foi por sua riquíssima misericórdia que ele demonstrou seu grande amor para conosco, estando nós ainda mortos em nossas ofensas (Ef 2,4; Tt 3,5).

– Recebemos a ordem para sermos misericordiosos assim como é nosso Pai, que está no céu (Lc 6,36; cf. Mt 18,21-35).

– Como cristãos verdadeiros, eleitos de Deus, devemos nos revestir de "termos afetos de misericórdia" uns para com os outros (Cl 3,12).

Jesus disse a Santa Faustina:

> Minha filha, olha para o abismo de minha misericórdia e dá a essa misericórdia louvor e glória. Faze-o da seguinte maneira: reúne todos os pecadores do mundo e mergulha-os no abismo de minha misericórdia. Minha filha, quero entregar-me às almas, desejo almas (D. 206).

E, em outra ocasião, assim se manifestou:

> Deves saber, minha filha, que meu coração é a própria Misericórdia. Deste mar de misericórdia as graças se derramam para todo o mundo. Desejo que teu coração seja a sede de minha Misericórdia. Desejo que essa misericórdia se derrame sobre todo o mundo por meio de teu coração. Quem quer que se aproxime de

ti não pode ir-se sem confiar em minha misericórdia, que tanto desejo para as almas (D. 1520).

O tema da misericórdia tem ocupado, nessas últimas décadas, a espiritualidade de Papas e de teólogos. Tanto no magistério de João Paulo II como no do papa Francisco, e também em Walter Kasper, o tema da misericórdia situa-se na continuidade com a espiritualidade do Coração de Jesus, na linha de Santa Margarida Alacoque, no século XVII, por um lado, e, por outro, com a espiritualidade da misericórdia que teve em Santa Faustina Kowalska, uma expressão cimeira, influenciando João Paulo II.

Está escrito na Palavra de Deus que a maneira correta de anunciar a misericórdia é que "não amemos com palavras nem com a língua, mas com ações e em verdade" (1Jo 3,18). Assim, Jesus Misericordioso disse a Santa Faustina (D. 742) que ele nos ensina três formas de anunciar a misericórdia: a primeira é a ação, a segunda é a palavra e a terceira é a oração.

Além disso, movimentos relativamente recentes têm surgido tendo na "misericórdia" uma referência privilegiada, como é o caso do Movimento Aliança de Misericórdia.

Na Encíclica "Misericordiae Vultus", o papa Francisco lembra que a misericórdia está inserida na atividade de pastoral. O Pontífice afirma que a misericórdia é a viga mestra que sustenta a vida da Igreja. Por isso tudo em sua ação pastoral deve ser revestido de ternura, compaixão, misericórdia sob pena de ser um antitestemunho. A credibilidade da Igreja passa pelo caminho da misericórdia e compaixão.

Papa Francisco em sua recente visita ao Iraque (março de 2021), na homilia, demonstrou como a Igreja no país consegue revelar o poder e a sabedoria de Deus, espalhando a misericórdia junto aos mais necessitados: "Esse é um dos motivos que me impeliu a vir em peregrinação, ou seja, para agradecer e confirmar na fé e no testemunho" (cf. *vaticannews.va*).

5.1. O papa João Paulo II

O papa Francisco evocou o papa João Paulo II como o "homem da misericórdia" e publicou a Carta Encíclica *Dives in Misericordia* (DM) – a Divina Misericórdia.

Lembrou São João Paulo II: "A mesma Igreja professa e proclama que a manifestação clara de tal misericórdia se verificou em Jesus crucificado e ressuscitado, isto é, no mistério pascal. É esse mistério que contém em si a mais completa revelação da misericórdia, isto é, do amor que é mais forte do que a morte, mais poderoso do que o pecado e que todo o mal, do amor que ergue o homem de suas quedas, mesmo mais profundas, e o liberta das maiores ameaças" (DM 15b).

Há grandes personagens e filhos da nação polonesa: Santa Faustina Kowalska, Santo Estanislau Kostken (1550-1568), São Maximiliano Kolbe (1894-1941) e São João Paulo II, ambos os apóstolos da Divina Misericórdia, lembrou o papa Francisco. Eles são "luminosas testemunhas" da Divina Misericórdia.

O Papa citou um trecho do "Diário de Santa Faustina Kowalska", uma exortação que o Senhor Jesus lhe fez: "Minha filha, olha para o abismo de minha misericórdia e dá a esta misericórdia louvor e glória... reúne todos os pecadores do mundo inteiro e mergulhe-os no abismo de minha misericórdia" (cf. D. 206).

Dentre os diversos aspectos de sua vida e santidade, destaca-se, sobretudo, seu empenho em levar ao mundo a mensagem da Divina Misericórdia, como foi revelada a Santa Faustina Kowalska.

Quando jovem operário da fábrica tedesca "Solvay", durante a Segunda Guerra Mundial, frequentava a Capela das Irmãs da Divina Misericórdia, onde se conservava a imagem de Jesus Misericordioso; já em 1964, como Arcebispo de Cracóvia, iniciou o processo de beatificação de Santa Faustina e pôde assim tomar conhecimento mais aprofundado da mensagem da misericórdia transmitida por ela ao mundo.

Na Sede de Pedro, leva consigo as palavras de Santa Faustina: "A humanidade não encontrará a paz, enquanto não se voltar, com confiança, para minha Misericórdia" (D. 300). Dessas palavras de Santa Faustina, compreendem-se os gestos do papa João Paulo II por aproximar o mundo de hoje do mistério da Misericórdia Divina: sua Encíclica *Dives in misericordia* (Rico em misericórdia) de 1981, a beatificação de Irmã Faustina aos 18 de abril de 1993 e sua canonização em 30 de abril de 2000, quando estendeu ao mundo todo a celebração do Domingo da Divina Misericórdia (Dom Milton Kenan Júnior).

6. O QUE APRENDEMOS COM SANTA FAUSTINA

Santa Faustina é uma síntese de uma forma de espiritualidade, a qual chamamos de mística. Raramente, seus devotos se dão conta dessa realidade. Suas visões estão registradas em seu conhecido Diário. Foi escrito por ordem expressa de Nosso Senhor.

Antes de tudo, invocar sua lembrança é voltar o olhar para o sentido da misericórdia como catequese e projeto de vida cristã; mais que procurar milagres, seria o desejo de viver a misericórdia como essência divina na vida cristã.

O Senhor proporcionou à irmã Faustina grandes graças, o dom da contemplação, o profundo conhecimento do mistério da Misericórdia Divina, as visões, as revelações, os estigmas ocultos, o dom de profetizar e de ler nas almas humanas, bem como o dom, raramente encontrado, dos esponsais místicos (cf. D. 5-6).

Seria bom entender que o Diário não é um "manual" de espiritualidade, como a maioria dos devotos imaginam, mas um caminho de mística, bem diferente, pois seus diálogos com Jesus são de ordem mais profunda e retratam sua maneira de sentir Jesus como apelo à mudança de vida.

O Diário nasceu em meio a vários desafios e a várias lutas. Por um tempo ficou esquecido e, por outro, foi proibida sua leitura pela Igreja. Hoje, é uma grande riqueza da Igreja e a resposta de Deus para os tempos atuais.

Faustina foi impulsionada por seu tempo. A Polônia passava por momentos difíceis e, certamente, ela retratou um pouco dessa mesquinhez espiritual dos cristãos poloneses (cf. D. 1731, 689), pois o medo e a indiferença não podem ser companheiros da fé!

O devoto de Santa Faustina deve entender o que foram suas "visões/revelações". Encontramos momentos em que ela disse estar no purgatório, que viu o "menino Jesus" etc. Na realidade, ela "não esteve ou viu", mas sentiu, misticamente, essa presença gratificante de Jesus. Não devemos nos assustar com essas considerações.

O místico tem uma tela invisível a sua frente, para preencher sua mente. Alguns, nesse tempo, escreveram, com modéstia, suas manifestações, mas a maioria não; com isso, fica difícil distinguir o místico, do santo comum da misericórdia.

O catecismo deixa claro que essas revelações privadas não "melhoram nem completam" o depósito da fé, mas podem nos "ajudar a viver mais plenamente em determinados momentos da história". Isso não impede que haja revelações privadas (cf. CIC, 65-67), que não melhorem nem completem a Revelação definitiva de Cristo, mas sim podem ajudar a vivê-la mais plenamente em uma determinada época histórica. São visões que podem nos inspirar a levar a sério a realidade da condenação eterna, que é uma escolha nossa (*Aleteia.com*).

Curiosamente, entre os santos a quem foi concedida tal visão, encontram-se Santa Teresa de Ávila (século XVI), Maria de Ágreda (século XVII), a Irmã Lúcia de Fátima (século XX), Anne Catherine Emmerich (século XIX), Santa Clara (século XII) e Santa Faustina Kowalska. Cada uma deixou registradas algumas impressões, e a mais completa e longa foi a da Santa Faustina.

As revelações privadas: "o conceito de revelação privada" aplica-se a todas as visões e revelações verificadas depois da conclusão do Novo Testamento (Cardeal Ratinzinger). Privadas significam particulares e não há a necessidade de se crer nelas, tão somente indicam "visões" ou "desejos" particulares (mesmo as atribuídas a Nossa Senhora, em Fátima).

A Eucaristia foi sua fortaleza! Depois de uma procissão de *Corpus Christi*, no ano de 1935, Faustina teve a visão de que um raio profundo atravessava a Santa Hóstia "e espalhou-se pelo mundo inteiro. Então, ouvi estas palavras: através de ti, como através dessa Hóstia, passarão os raios de misericórdia para o mundo" (D. 441).

Em 1980, o papa João Paulo II publicou a Encíclica *Dives in Misericordia* (Deus, Rico em Misericórdia) dedicada exclusivamente à Misericórdia Divina. No dia da instituição litúrgica da festa da Divina Misericórdia (30 de abril do ano 2000), o papa João Paulo II trouxe essa referência:

> E tu, Faustina, dom de Deus a nosso tempo, dádiva da terra da Polônia à Igreja inteira, obtém-nos a graça de perceber a profundidade da misericórdia divina, ajuda-nos a torná-la experiência viva e a testemunhá-la

aos irmãos! Tua mensagem de luz e de esperança se difunda no mundo inteiro, leva à conversão os pecadores, ameniza as rivalidades e os ódios, abre os homens e as nações à prática da fraternidade. Hoje, ao fixarmos contigo o olhar no rosto de Cristo ressuscitado, fazemos nossa a tua súplica de confiante abandono e dizemos com firme esperança: "Jesus, eu confio em vós!" (Jezu, ufam tobie!)

O mais difícil para ela foi diante dos sofrimentos e da necessidade de se calar diante da dor: "Nos momentos em que muito sofro, procuro calar-me, porquanto não confio na língua, que, em tais momentos, tem a tentação de falar de si mesma, e ela deve me servir para glorificar a Deus por tantos bens e dons que me concedeu" (D. 92a).

Pedimos tantas formas de cura, e Santa Faustina pedia para o Senhor curar sua língua. "Quando recebo a Jesus na santa Comunhão, peço-lhe com fervor que se digne curar minha língua, para que não ofenda com ela a Deus, nem ao próximo. Desejo que minha língua incessantemente glorifique a Deus. Grandes são os erros cometidos pela língua. A alma não atingirá a santidade se não tomar cuidado com sua língua" (D. 92b).

Um bom conselho para as comunidades. "... Quando me calo, sei que irei vencer" (D. 896). E Jesus a advertia: "... Não descuides das mortificações interiores... Foge dos que murmuram como da peste" (D.1760). Nesse número, a Irmã anota uma série de advertências "sobre a luta espiritual". Esse é um número de delicado cuidado para a alma cristã. Vale a pena sua leitura e meditação. O texto trata sobre a luta espiritual.

Esse outro ensinamento místico de Faustina é visionário, interessante e significativo. É uma lição de vida para se corrigirem rotas, por vezes, sem saída. O Senhor nos busca continuamente em sua misericórdia. É seu amor que nos devolve a vida e nos conduz à santidade. Deixem-se encontrar! Meditem:

Um dia, vi duas estradas: uma estrada larga, coberta de areia e flores, cheia de alegria e de música e de vários prazeres. As pessoas caminhavam por essa estrada dançando e divertindo-se – estavam chegando ao fim, sem se aperceberem disso. E, no final dessa estrada, havia um enorme precipício, ou seja, o abismo do inferno. Essas almas caíam às cegas na voragem desse abismo; à medida que iam chegando, assim tombavam. E seu número era tão grande que não era possível contá-las. E avistei outra estrada, ou antes, uma vereda, porque era estreita e cheia de espinhos e de pedras, por onde as pessoas seguiam com lágrimas nos olhos e sofrendo dores diversas. Uns tropeçavam e caíam por cima dessas pedras, mas logo se levantavam e iam adiante. E no final da estrada havia um magnífico jardim, repleto de todos os tipos de felicidade e aí entravam todas essas almas. Já no primeiro momento, esqueciam-se de seus sofrimentos (D. 153).

Deus tem plano de liberdade para todos os seus filhos. "Deus nunca força nossa livre vontade. De nós depende se queremos aceitar a graça de Deus ou não, ou se queremos colaborar com ela ou desperdiçá-la" (D. 1107).

6.1. Alguns pensamentos impactantes

A história dessa santa está, maiormente, registrada em seu conhecido Diário "espiritual" de vida ou da "misericórdia divina em sua alma". Ali, Santa Faustina foi registrando em cadernos (seis) suas locuções interiores; alguns falam em revelações. Na realidade, precisamos distinguir "revelação" de "locução interior". Assim fica melhor para nossa compreensão sobre seus anseios registrados em seus escritos, nos últimos quatro anos de sua vida.

Santa Faustina ofereceu sua vida pelos pecadores; viveu sempre doente e, nos últimos anos, foi acossada por uma tuberculose incurável, obrigando-a a sempre recorrer às internações, contrariando seu gosto. Foi uma religiosa sofrida com estigmas interiores de tal monta a se sentir convalescente e acabou por falecer com fama de santidade, no dia 5 de outubro 1938, com apenas 33 anos de idade.

Recebeu, em vida, a missão de ser a transmissora da misericórdia divina (cf. D. 1567). Vamos agora ficar com alguns pensamentos de Santa Faustina.

– A beleza da alma humilde e a reserva de graças especiais.

"Para a alma humilde estão abertas as comportas do céu, e cai sobre ela um mar de graças (...). Deus nada nega a uma alma assim. Uma alma assim é onipotente, ela influi no destino do mundo inteiro. Deus exalta uma alma assim até seu trono e, quanto mais ela se rebaixa, tanto mais Deus se inclina para ela, persegue-a com suas graças e acompanha-a em todos os momentos com seu poder. Uma alma assim está unida com Deus da maneira mais profunda" (D. 1306).

– *A devoção espiritual ao quadro de Jesus Misericordioso.*

"Da túnica entreaberta sobre o peito saíam dois grandes raios, um vermelho e outro pálido. (...) Logo depois, Jesus me disse: pinta uma imagem de acordo com o modelo que estás vendo, com a inscrição: Jesus, eu confio em vós" (D. 47).

– *O conhecido terço da misericórdia.*

"Recita, sem cessar, este terço que te ensinei. Todo aquele que o recitar alcançará grande misericórdia na hora de sua morte. Os sacerdotes o recomendarão aos pecadores como a última tábua de salvação. Ainda que o pecador seja o mais endurecido, se recitar este terço uma só vez, alcançará a graça de minha infinita misericórdia" (D. 687).

– *A vigilância adoradora do devoto.*

"Durante a hora santa, à noite, ouvi estas palavras: estás vendo minha misericórdia para com os pecadores, que neste momento se manifesta com todo o seu poder. Repara como escreveste pouco sobre ela; isso é apenas uma gota. Faz o que estiver a teu alcance para que os pecadores conheçam minha bondade" (D. 1665).

– *A necessidade da constante prática de misericórdia.*

"Se a alma não praticar a misericórdia de um ou outro modo, não alcançará minha misericórdia no dia do juízo. Oh! Se as almas soubessem armazenar os tesouros eternos, não seriam julgadas, antecipando meu julgamento com obras de misericórdia" (D. 1317).

– *Os novíssimos da Igreja*[10]. A síntese das experiências místicas de Santa Faustina. Cada ser humano tem diante de si algumas perguntas fundamentais. Entre estas, as famosas: Quem sou? Qual minha origem? Qual meu destino? O que acontece depois da morte? Existe céu...?

Mesmo em um mundo moderno, onde a ciência e a tecnologia encontraram respostas para tantas questões humanas, essas dúvidas ficam ainda em aberto, deixando margem para diversos pontos de vista, e alguns bastante deturpados. Desse modo, há a necessidade de uma catequese mais aprofundada na infância, juventude e na idade adulta. Observamos que as tentativas não respondem aos apelos do mundo moderno.

As revelações de Jesus a Faustina nos trazem essa atualidade e nos dão alguma segurança; elas tocam esses pontos de forma sublimar.

Vamos terminar com os três mistérios embutidos da fé cristã a que chamamos de "novíssimos". O Catecismo da Igreja Católica ensina que "a morte põe termo à vida do homem, enquanto tempo aberto à aceitação ou à rejeição da graça divina, manifestada em Jesus Cristo". "Ao morrer, cada homem recebe em sua alma imortal a retri-

---

[10] Os novíssimos, por Faustina indicados, estão mais na linha do Catecismo Maior de São Pio X, números 965-968. No catecismo da Igreja Católica, números 1021-1049. Novíssimos são as coisas que sucederão ao homem no fim da vida: a morte, o juízo, o destino eterno: purgatório, céu e inferno. A Igreja apresenta-os de modo especial durante o mês de novembro. Por meio da liturgia, convida-se os cristãos a meditar nessas realidades.

buição eterna, em um juízo particular que põe sua vida em referência a Cristo, quer por meio de uma purificação, quer para entrar imediatamente na felicidade do céu, quer para se condenar imediatamente para sempre".

Nesse sentido, São João da Cruz fala do juízo particular de cada um dizendo que, "ao entardecer desta vida, examinar-te-ão no amor". Vamos conferir no Catecismo da Igreja Católica, 1021-1022, onde encontramos a base da doutrina católica sobre os novíssimos.

– A morte como mistério de existência.

No período que antecedeu a segunda grande guerra mundial, a freira polonesa, Irmã Faustina Kowalska, teve várias revelações celestes, todas elas relatadas em um Diário. Nessas revelações, Nosso Senhor deixava patente que estava fazendo mais uma tentativa de salvar a humanidade, e o caminho era por meio de sua infinita misericórdia.

Faustina lembrou que, depois que saiu do médico, passou na capela "... minha alma mergulhou por inteiro no mar da misericórdia de Deus. Senti que estava começando, em toda a sua plenitude, minha missão. A morte não destrói nada que é bom. Rezo, sobretudo, pelas almas que passam por sofrimentos interiores" (D. 694).

– A necessidade de se repensar o purgatório.

Em uma noite, "Vi o Anjo da Guarda que me mandou acompanhá-lo. Imediatamente, encontrei-me em um lugar enevoado, cheio de fogo, e, dentro dele, uma multidão de almas sofredoras. Essas almas rezavam com muito fervor, mas sem resultados para si mesmas; apenas nós podemos ajudá-las" (D. 20).

– O inferno como lugar de tormento.

Em um retiro de oito dias, em outubro de 1936, Santa Faustina Kowalska viu o abismo do inferno com vários tormentos. Em seguida, escreveu sua visão a pedido do próprio Cristo: "Hoje, conduzida por um Anjo, fui levada às profundezas do Inferno. É um lugar de grande castigo, e como é grande sua extensão. Tipos de tormentos que vi: o primeiro tormento que constitui o Inferno é a perda de Deus; o segundo, o contínuo remorso de consciência; o terceiro, o de que esse destino não mudará nunca; o quarto tormento é o fogo, que atravessa a alma, mas não a destrói; é um tormento terrível, é um fogo puramente espiritual aceso pela ira de Deus..." (cf. D. 741). O texto continua descrevendo os demais tormentos (quinto, sexto e sétimo).

– O céu como beleza divina.

No dia 27 de novembro de 1936, a santa escreveu uma visão do céu, na qual pôde ver suas belezas incomparáveis, a felicidade que nos espera depois da morte e como todas as criaturas glorificam e agradecem a Deus sem cessar.

"Hoje estive no céu, em espírito, e vi as belezas inconcebíveis e a felicidade que nos espera depois da morte. Vi como todas as criaturas prestam incessantes honra e glória a Deus. Vi como é grande a felicidade em Deus, que se derrama sobre todas as criaturas, tornando-as felizes..." (D. 777).

Ela indicou que essa fonte de felicidade é invariável em sua essência, mas é sempre nova, derramando felicidade para todas as criaturas. "E Deus deu-me a conhecer uma única coisa que, a seus olhos, tem valor infinito, que é o amor a Deus; amor, amor, e mais uma vez amor;

e nada pode comparado com um só ato de puro amor a Deus" (D. 778).

Terminou esse enlace de amor escrevendo: "Ó meu Deus, quanta pena tenho das pessoas que não creem na vida eterna, como rezo por elas para que também elas sejam envolvidas pelo raio da misericórdia e mereçam o abraço paterno de Deus" (D. 780).

– *Movimentos de Renovação Espiritual.*

A devoção à Divina Misericórdia nos indica uma renovação na espiritualidade cristã. A Misericórdia é entendida como ação de Deus, que toca e cura o coração ferido do homem, mas que também o convida a agir com Misericórdia, vivendo assim as "obras de misericórdia corporais e espirituais", porque nos abre cada um à necessidade do outro (cf. *Estatutos da comunidade aliança de misericórdia,* n. 9).

Essa espiritualidade busca sua raiz na França, em meados do século XVII, onde nosso Senhor Jesus manifestou a uma virgem humilde o desejo de que seu coração fosse honrado e venerado pelos homens; Santa Margarida Maria Alacoque (1647-1690, Verosvres, na Borgonha), com seu ardente zelo, revestido das características do amor e da reparação, conseguiu que este culto ganhasse notoriedade, e, mediante manifestação tão excecional, Jesus Cristo, expressamente e repetidas vezes, indicou seu coração como símbolo com que estimular os homens ao conhecimento e à estima de seu amor.[11]

---

[11] Luiz Carlos Barbosa Junior, *O Percurso Histórico da Misericórdia,* tese em defesa de mestrado em teologia pela Universidade Católica de Lisboa, 2017. "Nosso estudo tem como objetivo o aprofundamento da 'misericórdia' como atributo divino e organiza-se em três momentos: no primeiro momento, vamos estudar precedentes da espiritualidade da misericórdia; no segundo momento, apresentamos os contributos de João Paulo II e de W. Kasper; e, no terceiro momento, abordamos as 'implicações' deste tema para a teologia e a espiritualidade" (*Introdução*).

Nas palavras do Papa Francisco: "Misericórdia é o caminho que une Deus e o homem, porque nos abre o coração à esperança de sermos amados para sempre, apesar da limitação de nosso pecado". E esse caminho fica particularmente evidente quando contemplamos o Sagrado Coração de Jesus.

Depois de alguns séculos, vem à luz a "Apóstola da Misericórdia", Santa Faustina Kowalska, canonizada no ano jubilar de 2000, pelo então Papa João Paulo II. Irmã Faustina, desde sua infância, distinguiu-se pela piedade, pelo amor à oração, pela obediência e por uma grande sensibilidade às misérias humanas, sentindo seu chamamento aos sete anos de idade.

Na base de sua espiritualidade, está o amor misericordioso, que tem como eco os escritos de seu Diário que aludem à bondade de Deus, ao mistério da Encarnação, sendo tudo envolvido no amor de Deus, que se revela em bondade para com os homens.

Assim a Irmã Faustina é conduzida a uma descoberta da presença de Deus em sua alma e a divulgar essa devoção ao "mundo inteiro". "Desejo conceder graças inconcebíveis às almas que confiam em minha misericórdia" (D. 687). "Abri meu Coração como fonte viva de misericórdia; que dela tirem vida todas as almas, que se aproximem desse mar de misericórdia com grande confiança. Os pecadores alcançarão justificação, e os justos serão confirmados no bem. O que confiou em minha misericórdia derramarei na hora da morte minha divina paz em sua alma" (Diário 1520).

6.2. O devocionário a Santa Faustina

Aqui, vamos anotar algumas orações atribuídas a santa Faustina ou escritas por ela mesma. Em nosso livro, assinamos uma forma de contrato de espiritualidade e uma razão a mais para rezarmos e pedirmos a ela sua intercessão junto ao divino misericordioso Deus. Trazemos a objetividade de ficarmos mais restritos a sua mística como própria de seu Diário. Não nos furta, todavia, termos um olhar sobre sua espiritualidade. O místico também reza, mas de forma comedida. Sua relação com Deus é mais apaixonada, aproximada e de forma mais peregrina que o rezador comum. O encontro de Faustina com Deus-misericórdia era constante ocupando todos os espaços de sua vida, de seu cotidiano. Na cela, na cozinha, no hospital, no lazer, nas tarefas de faxina, no jardim, na horta, Deus sempre a alcançava de forma peregrina.

O místico, de certa forma, impressiona. Ele se mantém no contato direto com Deus no sentido de que sempre está nesse mergulho com o divino, não somente em momentos de oração, mas na vida, que se faz peregrina na busca de Deus. Em tudo consegue ver fagulhas do divino; é uma conexão constante e não se desliga das "revelações" encontradas.

Em Santa Faustina, o que impressiona é sua relação com a Misericórdia Divina. É uma ligação, digamos, umbilical. Foram escritas por ela, em um diário, 600 páginas dirigidas a um mundo que precisava e continua precisando da Misericórdia de Deus.

É possível não escutar o que Jesus disse por meio de Santa Faustina sobre sua misericórdia e qual deveria ser a resposta do homem? Bento XVI disse certa vez: "É uma mensagem realmente central para nosso tempo: a misericórdia como a força de Deus, como o limite divino contra o mal do mundo".

> Meu coração está repleto de grande misericórdia para com as almas, e especialmente para com os pobres pecadores. Oxalá, possam compreender que eu sou para eles o melhor Pai, que por eles jorrou do meu coração o sangue e a água como de uma fonte transbordante de misericórdia" (D. 367).

De forma humilde, reconhecia e dizia o que estava ouvindo enquanto recitava o terço: "Que toda a humanidade conheça minha insondável misericórdia. Este é o sinal para os últimos tempos; depois dele virá o dia da justiça" (D. 848). Aqui, aparece aquele aceno escatológico do fim dos tempos. Percebido esse momento, há a necessidade de se intensificar a vida de oração.

Há um ocorrido de Jesus: "Vigiai... estai preparados..." (cf. Mt 24,37-44. Quando a Palavra de Deus se refere à vinda de Jesus, é sempre palavra forte, mas nunca deve nos causar medo, porque o que mais desejamos é que ele venha a nosso encontro).

Jesus nos deixou muitos exemplos de infinita bondade para todos que encontrou em seu caminho. Ele teve compaixão dos sofredores, operou milagres, que aconteceram por causa da miséria humana. Ele adotou uma medida certa no julgamento da mulher surpreendida em adultério: "Vai e não peques mais" (Jo 8,3-11).

O místico reza a exemplo de São Bento: "Reza e trabalha". São duas vertentes da vida espiritual do religioso com ascendência ao mosteiro. Os monges devem cuidar de seu sustento, e as tarefas domésticas, agrícolas e religiosas devem caminhar em sintonia com o paralelo de sua vida, enquanto oram, fazem jejum, meditam, contemplam e adoram. É uma vida intensa de encontro com Deus.

A mística de Santa Faustina se faz na contemplação do mistério a ser celebrado com a vida, com o pronunciamento da vida eterna.

> Ó Jesus, desejo viver o momento presente, viver como se este dia fosse o último da minha vida: aproveitar cuidadosamente cada momento para a maior glória de Deus; fazer uso de cada circunstância, de tal maneira que a alma possa tirar proveito. Olhar para tudo do ponto de vista de que nada suceda sem a vontade de Deus. Deus de insondável misericórdia envolvei o mundo todo e derramai-vos sobre nós, pelo compassivo coração de Jesus (D. 1183).

O devoto deve aprender, com Santa Faustina, que a oração se faz misericórdia, e, por ela, oramos com insistência. Vamos a algumas orações atribuídas a Santa Faustina e que se usa de modo corrente. Procuremos a que mais se adequar a nossa situação. Mas "nunca percam a confiança e a esperança em Jesus Misericordioso, nunca duvidem da proteção dos apóstolos da Misericórdia Divina, Santa Faustina Kowalska e São João Paulo II", afirmou o cardeal Stanislaw Dziwisz, da Polônia.

A novena à Misericórdia Divina Jesus lhe mandou escrever e rezar antes da festa da Misericórdia. Indica para começar na Sexta-feira Santa. Assim se processou a novena com as instruções e os objetivos a seguir (conferindo em seu Diário).

– Número 1209: um diálogo entre Jesus e a Irmã Faustina. Jesus lhe pediu que fizesse a novena, e Faustina disse não saber como fazê-la. Jesus lhe deu as instruções objetivando o sentido da novena e por quem se deveria rezar. Pediu que "levasse" para si as intenções a seguir, isto é, colocar em meditação/contemplação aquela intenção.

– Números 1210-1211: rezar pela humanidade inteira.

– Números 1212-1213: rezar pelos sacerdotes e religiosos.

– Números 1214-1215: rezar a todas as almas piedosas e fiéis.

– Números 1216-1217: rezar por todos os pagãos e por aqueles que ainda não conhecem a Jesus.

– Números 1218-1219: rezar pelas almas dos cristãos separados da unidade da Igreja.

– Números 1220-1223: rezar por todas as almas humildes e mansas e as criancinhas.

– Números 1224-1225: rezar pelas almas que veneram e glorificam minha misericórdia.

– Números 1226-1227: rezar pelas almas que se encontram na prisão do purgatório.

– Números 1228-1229: levar diante de Jesus as almas tíbias.[12]

---

[12] Hoje, certamente se dê pouco atenção à palavra 'tíbia' ou 'tibie'. A alma tíbia é aquela que ignora o amor de Deus e não busca nenhum método para alcançar a salvação; é fria, ignorante, errônea e vive perambulando sem direção. A tibieza é um estado muito perigoso, visto que a alma permanece nele na ilusão, como o doente que se finge são e não procura o médico (cf. Ap 3,15-20; Lc 16,12).

Oração pedindo graças

Ó Jesus, que fizestes de Santa Faustina uma grande devota de vossa imensurável misericórdia, dignai-vos, por intermédio dela, caso isso esteja de acordo com vossa santíssima vontade, conceder-me a graça *(dizer qual...)*, que vos peço. Eu, pecador, não sou digno de vossa misericórdia, mas olhai para o espírito de sacrifício e devotamento da Irmã Faustina e recompensai sua virtude atendendo aos pedidos que por sua intercessão com confiança vos apresento.

– Pai-nosso... Ave-Maria... Glória ao Pai...

– Santa Faustina, rogai por nós.

Oração de Santa Faustina

Misericordiosíssimo, Jesus, de quem é próprio ter compaixão de nós e nos perdoar, não olheis nossos pecados, mas a confiança que depositamos em vossa infinita bondade. Acolhei-nos na mansão de vosso compassivo coração e nunca nos deixeis sair dele. Nós vo-lo pedimos pelo amor que vos une ao Pai e ao Espírito Santo.

Eterno Pai, olhai com misericórdia para toda a humanidade, encerrada no coração compassivo de Jesus, mas especialmente para os pobres pecadores. Por vossa dolorosa paixão, mostrai-nos vossa misericórdia, para que glorifiquemos a onipotência de vossa misericórdia, por toda a eternidade. Amém.

Oração à Mãe de misericórdia

Oh Senhora minha, Santa Maria! A vossa graça, a vossa especial vigilância e misericórdia hoje, todos os dias e na hora de minha morte, recomendo meu corpo e minha alma. Todas as minhas esperanças e todos os meus consolos, todas as aflições e todos os sofrimentos, a vida e o fim de minha vida confio a vós, para que, por vossos méritos, todos os meus atos sejam praticados e guiados segundo a vontade vossa e de vosso Filho. Amém.

*   *   *

Vamos completar o devocional com alguns conselhos e algumas informações sobre a espiritualidade de Santa Faustina.

Uns conselhos de Santa Faustina aos seus admiradores:
– "... a alma deve ser fiel à oração, apesar dos tormentos, da aridez e das tentações, porque, em grande parte e principalmente de uma oração assim depende, às vezes, a concretização de grandes desígnios de Deus. E, se não perseveramos nessa oração, transtornamos o que Deus queria realizar por meio de nós, ou em nós. Que toda alma se lembre destas palavras: e, estando em agonia, rezou mais longamente" (D. 872).

– *Oração de Santa Faustina para pedir a Deus um coração misericordioso, dirigida a Santíssima Trindade* (cf. D. 163).

Terminou com o seguinte pensamento: "Oh, meu Jesus, transformai-me em Vós, porque Vós tudo podeis". Depois dessa oração, deixou quatro páginas em branco e que nunca chegou a preenchê-las!

– *Oração de Santa Faustina pedindo forças: nas perseguições* (cf. D. 91); *estando sozinho nas tempestades* (cf. D.1195); *nos dias difíceis e sombrios* (cf. D. 1065); *para cumprir a vontade de Deus diante das provações* (cf. D. 1740) e *suportar a cruz* (cf. D. 1489). Estas são páginas de ouro em seu Diário.

• "A alma que confiar em minha misericórdia é a mais feliz, porque eu mesmo cuido dela" (cf. D. 1273). "Concedo-lhe minha confiança e dou-lhe tudo o que me pede" (cf. D. 453).

• *A oração do terço*. Em uma locução interior no ano de 1935, aprendeu a rezar este terço da Divina Misericórdia pela própria inspiração de Deus. O Diário, *número 476*, relata esse fato. O Senhor lhe pediu que, ao entrar na capela, rezasse a oração que lhe ensinara: "Eterno Pai, eu vos ofereço o Corpo e Sangue, alma e divindade de vosso diletíssimo Filho, Nosso Senhor Jesus Cristo, em expiação de nossos pecados e os do mundo inteiro; pela sua dolorosa paixão, tende misericórdia de nós" (D. 475).

Jesus falou de sua ira e do aniquilamento dela. Propõe-lhe a recitação da oração do terço (*Rosário*). "Tu a recitarás por nove dias, por meio do terço do Rosário, da seguinte maneira: primeiro dirás o 'Pai-Nosso', a 'Ave-Maria' e o 'Credo'. Depois, nas contas de Pai-Nosso, dirás as seguintes palavras: 'Eterno Pai...'. Nas contas de Ave-Maria, rezarás as seguintes palavras: 'Pela sua dolorosa paixão, tende misericórdia de nós e do mundo inteiro'. No fim, rezarás três vezes estas palavras: 'Deus Santo, Deus forte, Deus imortal, tende piedade de nós e do mundo inteiro'" (D. 476).

– *Três horas da tarde* tem especial significado, porque foi a hora em que Nosso Senhor morreu por nós. Enquanto refletia nessa hora, o centurião romano Logino se deu conta de quem era Jesus. Logino foi aquele que atirou a lança no lado de Nosso Senhor Jesus Cristo.[13]

O Apóstolo São João escreveu em seu Evangelho: "Chegando a Jesus e vendo-o morto, não lhe quebraram as pernas, mas um dos soldados transpassou-lhe o lado com a lança e imediatamente saiu sangue e água" (Jo 19,33-34).

Sabemos que Nosso Senhor quer que nós sempre rezemos e imploremos por misericórdia para o mundo. Ele deu a Santa Faustina uma ordem especial sobre as três horas da tarde: "Às três horas da tarde, implora a minha misericórdia especialmente pelos pecadores e, ao menos por um breve tempo, reflete sobre minha paixão, especialmente sobre o abandono em que me encontrei no momento da agonia. Esta é a hora de grande misericórdia para o mundo inteiro. Permitirei que penetres em minha tristeza mortal. Nessa hora nada negarei à alma que me pedir por minha paixão" (D. 1320).

---

[13] Gasques, J., *São Longuinho,* ' *três pulinhos de fé.* Editora Santuário, 1917, 112 páginas. A intercessão de São Longuinho costuma ser invocada, principalmente, quando se necessita encontrar coisas e objetos perdidos, e sempre que se encontra, em agradecimento, dão-se três pulinhos.

No mesmo Diário, Santa Faustina, no parágrafo 1151, transmitiu-nos um importante ensinamento para os momentos de fraqueza. Confira o belo poema:

Quando a dor tomar conta de toda a minha alma,
e o horizonte escurecer como a noite,
e o coração for dilacerado pelos tormentos da dor,
Jesus crucificado, vós sois minha força.

Quando a alma, aturdida pela dor,
faz todos os esforços e luta sem descanso,
e o coração agoniza em amargo tormento,
Jesus crucificado, sois a esperança da minha salvação.

E assim passa dia após dia,
e a alma banha-se no amargor do mar,
e o coração se dissolve em lágrimas:
Jesus crucificado, vós me iluminais como a aurora.

Quando o cálice da amargura já transborda,
e tudo conspira contra ela,
e a alma vive os momentos do Jardim das Oliveiras,
Jesus crucificado, em vós está minha defesa.

Quando a alma, sentindo sua inocência,
aceita essas provações de Deus,
então o coração é capaz de pagar com o amor
pelos dissabores!
Jesus crucificado, transformai minha fraqueza
em força.

Assim terminou, com as últimas palavras, em seu Diário. Foi como uma profissão de fé naquele que lhe deu o privilégio da misericórdia derramada de forma flutuante e ativa em sua vida. Nós a imaginamos abraçada à cruz que meditou em pensamento nestas palavras:

Hoje, a majestade de Deus me envolve. Não consigo, de maneira nenhuma, preparar-me melhor. Estou inteiramente envolvida por Deus. Minha alma se inflama com seu amor. Sei apenas que amo e sou amada e isso me basta. Durante o dia procuro ser fiel ao Espírito Santo e satisfazer suas exigências. Procuro o silêncio interior para poder ouvir sua voz... (Diário, 1828).

CONCLUSÃO

Certamente, o mais difícil, em um livro, é fazer sua conclusão. Parece que nada está terminado de forma definitiva. Sempre sobra um monte de ideias para serem anotadas.

Caminhamos de forma a reproduzir determinados aspectos da história de Santa Faustina. Ela tem uma iconografia desafiadora para a descrição. Fomos, de forma mais exaurida, a seu Diário como fonte de informação e nascente de água para compreender melhor aspectos de sua vida, narrados de forma resumida.

Sua biografia é bastante diferente dos demais santos. Existem poucos dados sobre sua trajetória, além do que é descrito em seu Diário, que é a melhor e maior fonte de informação. Além disso, precisamos cavar para descobrir a Faustina que vivera em seu tempo, com aquele tipo de Igreja do findar de século XX.

Apreciamos suas inspirações; sua mística é carregada de sentido de presente e de futuro. Ela soube lançar um olhar para o futuro como preocupante para a vida cristã. Apresentou várias advertências de Jesus.

A Irmã Faustina era uma alma banhada de amor e vivera na penumbra da santa misericórdia como sombra de sua alma, por vezes, insatisfeita. Junto às outras santas, formou o "time" daquelas que tiveram revelações e visões de Jesus. Ele está entre as poucas que escreveram suas manifestações místicas e as colocaram em público. Certamente, todas, depois de suas mortes. Alguns escritos ficaram séculos no esquecimento e guardados a sete chaves.

Todas essas santas foram, de alguma forma, interpretadas como suspeitas, pois misteriosos segredos poderiam estar rondando sua mente tensa de mistérios e de revelações, que não faziam bem às autoridades eclesiásticas. Faustina foi uma dessas. Sua obra ficou relegada, por décadas, como impróprias à leitura cristã.

No entanto, era uma enamorada da Misericórdia Divina. Colocou essa coroa em sua mente e, por ela, viveu seus poucos anos de vida. A Misericórdia Divina atinge os homens por meio do Coração de Cristo crucificado: "Diz, minha filha, que sou puro amor e a própria misericórdia", pediu Jesus à Irmã Faustina (cf. D. 1074).

Cristo derramou essa misericórdia sobre a humanidade mediante o envio do Espírito, que, na Trindade, é a Pessoa-Amor. E, porventura, não é a misericórdia o "segundo nome" do amor (cf. *Dives in misericordia*, 7), cultuado em seu aspecto mais profundo e terno, em sua atitude de cuidar de toda a necessidade, sobretudo, em sua imensa capacidade de perdão? (*Papa João Paulo II*).

Era domingo, 30 de abril de 2000, quando o Papa João Paulo II canonizou a beata Irmã Faustina. Vamos recordar alguns aspectos. "De fato, foi entre a primeira e a segunda guerra mundial que Cristo lhe confiou sua mensagem de misericórdia. Aqueles que recordam, que foram testemunhas e participantes nos eventos daqueles anos e nos horríveis sofrimentos que daí derivaram para milhões de homens bem sabem que a mensagem da misericórdia é necessária".

O Papa João Paulo II continuou em sua homilia:

> Jesus disse à Irmã Faustina: "A humanidade não encontrará paz, enquanto não se voltar com confiança para minha misericórdia" (D. 300). Por meio da obra da religiosa polaca, essa mensagem esteve sempre unida ao século XX, último do segundo milênio e ponte para o terceiro. Não é uma mensagem nova, mas pode-se considerar um dom de especial iluminação, que nos ajuda a reviver, de maneira mais intensa, o Evangelho da Páscoa, para o oferecer como um raio de luz aos homens e às mulheres de nosso tempo.

O Papa se estendeu na reflexão: "Com efeito, não é fácil amar com um amor profundo, feito de autêntico dom de si. Aprende-se este amor na escola de Deus, no calor de sua caridade. Ao fixarmos o olhar nele, ao sintonizarmo-nos com seu coração de Pai, tornamo-nos capazes de olhar os irmãos com olhos novos, em atitude de gratuidade e partilha, de generosidade e perdão. Tudo isso é misericórdia!" (n. 5c).

O Papa terminou a homilia fazendo uma prece de súplica:

> E tu, Faustina, dom de Deus a nosso tempo, dádiva da terra da Polônia à Igreja inteira, obtém-nos a graça de perceber a profundidade da misericórdia divina, ajuda-nos a torná-la experiência viva e a testemunhá-la

aos irmãos! Tua mensagem de luz e de esperança se difunda no mundo inteiro, leva à conversão os pecadores, ameniza as rivalidades e os ódios, abre os homens e as nações à prática da fraternidade. Hoje, ao fixarmos contigo o olhar no rosto de Cristo ressuscitado, fazemos nossa tua súplica de confiante abandono e dizemos com firme esperança: Jesus Cristo, confio em Ti![14]

A grandeza da Misericórdia Divina é o objeto de culto na devoção. A Mística de Cracóvia a expressa mediante diferentes definições que acentuam a grandeza e a infinidade de Deus: "o mar da insondável da misericórdia de Deus" (D. 654), "abismo de minha misericórdia" (D. 85), "profundo oceano sem limites da misericórdia", "profundeza da misericórdia" (D. 1307), "fonte de minha misericórdia" (D. 206).

A Misericórdia Divina é para a Irmã Faustina como Deus mesmo: "inconcebível misericórdia" (D. 699), "mar da insondável misericórdia de Deus" (D. 654), "porta de misericórdia" (D. 1146), "infinita misericórdia na vida" (D. 697). A misericórdia como atributo de Deus Uno e Trino é o atributo das Pessoas divinas: do Deus Pai, do Filho de Deus e do Espírito Santo (cf. D. 1307).

Irmã Faustina subtendia que a misericórdia "brotava" da Divina Trindade, "de um só amoroso seio", com um belo poema (cf. D. 522). E assim seguiu, em seu

---

[14] Da língua polonesa: "Jezu, ufam tobie!" (Jesus, eu confio em ti). Curiosamente o Papa não transcreve na primeira pessoa do plural "vós" Em 18 de abril de 1993, João Paulo II declarou Maria Faustina Kowalska com o título de "Beata" diante de uma multidão de devotos da Divina Misericórdia que ocupavam a Praça de São Pedro no Vaticano. Foi canonizada em 30 de abril de 2000. A homilia da canonização está no site Vatican.va

Diário, derramando definições apropriadas a sua experiência.

Declaração de amor de Santa Faustina a Deus:

Ó meu Jesus, que sois minha vida... Porque as almas se afastam de vós, ó Jesus, isso eu não compreendo. Oh! Se eu pudesse cortar meu coração em pedacinhos pequenos e dessa maneira oferecer-vos, Jesus, cada pedacinho como se fosse o coração inteiro, para ao menos em parte vos desagravar pelos corações que não vos amam. Amo-vos, Jesus, com cada gota de meu sangue, que derramaria de boa vontade por vós, para vos dar uma prova de meu amor sincero... (D. 57).

Enfim, fiquemos com este trecho de grande beleza e elevação:

"Ó meu Criador, como anseio por vós! Vós compreendeis-me, ó meu Senhor! Tudo o mais que existe na terra me parece uma pálida sombra. É a vós que anseio e desejo, apesar de tanto – e tão além de toda a compreensão –, a mim vos terdes dado, visitando-me de uma maneira especial. No entanto, mesmo essas visitações não fecham a ferida do meu coração, mas despertam em mim uma nostalgia de vós ainda cada vez maior, ó Senhor. Oh, levai-me convosco, Senhor, se essa for vossa vontade! Vedes que estou a morrer e desfaleço de ânsia por vós; porém não posso morrer! Morte, onde estás? Senhor, atraís-me para o abismo de vossa divindade e, no entanto, escondeis-vos na treva. De fato, meu inteiro ser está em vós submerso, contudo ambiciono contemplar-vos face a face. E quando chegará para mim esse momento?" (D. 841 *texto de uma tradução em Portugal*).

Ficam aqui registradas algumas impressões sobre essa santa Mulher e suas visões a respeito da misericórdia. O Autor fez quase o máximo de si para apresentar Santa Faustina na forma como seu coração e sua mente a entenderam por meio da leitura de seu Diário.

Faustina, ainda, tem muito a nos ensinar. Somos, apenas, ouvintes de sua mensagem e mensageiros desse projeto de salvação na comunidade cristã. Ficaram, a propósito, dois temas: a questão dos sacerdotes e a figura de Maria em seu Diário. Boa leitura e divulguemos a Misericórdia...

***